街場の親子論

父と娘の困難なものがたり

内田 樹
思想家

内田るん
詩人・フェミニスト

690
中公新書ラクレ

街場の親子論　父と娘の困難なものがたり

目次

内田　樹

内田るん

プロローグ——僕が考える「親子」

みなさん、こんにちは。内田樹です。

本書は僕と娘の内田るんとの往復書簡集です。

どうしてこんな本を出すことになったのかは本文の中に書いてありますので、経緯についてはそちらをご覧ください。

ここでは「プロローグ」として、もう少し一般的なこと、親子であることのむずかしさについて思うところを書いてみたいと思います。

一

本書をご一読頂いた方はたぶん「なんか、この親子、微妙に嚙《か》み合ってないなあ」という印象を受けたんじゃないかと思います。

ほんとうにその通りなんです。

でも、「微妙に噛み合ってない」というのは、「ところどころでは噛み合っている」ということでもあります。話の3割くらいで噛み合っていれば、以《もっ》て瞑《めい》すべしというのが僕の立場です。親子って、そんなにぴたぴたと話が合わなくてもいい。「まだら模様」で話が通じるくらいでちょうどいいんじゃないか。僕はそう思っています。


最近の若い人って、あまり「つるんで遊ぶ」ということをしなくなったように見えます。特に若い男性だけのグループで楽しそうにしているのって、あまり見かけません（僕が学生時代はどこに行くにも男たちのグループでぞろぞろでかけていました）。若い人があまり活動的でないのは、もちろん第一に「お金がない」からだと思います。訊いても、たぶんそう答える人が多いと思います。でも、それ以外に、「口に出されない理由」があるんじゃないでしょうか。

それは他人とコミュニケーションするのが面倒だということです。

人と付き合うのが負担なので、あまり集団行動したくないという人が増えている気がします。

でも、またいったいどうして「他人とコミュニケーションするのが面倒」だというようなことが起きるのでしょうか？

以下は僕の私見です。お断りしておきますけれど、私見というのは「変な意見」ということなので、あまりびっくりしないでくださいね。


僕は若い人たちが他人とのコミュニケーションを負担に感じるようになったのは、共感圧力が強すぎるせいじゃないかと思っています。

いまの日本社会では、過剰なほどに共感が求められている。そんな気がするんです。とりわけ学校で共感圧力が強い。そう感じます。喜ぶにしろ、悲しむにしろ、面白がるにしろ、冷笑するにせよ、とにかく周りとの共感が過剰に求められる。

僕は女子大の教師だったので、ある時期から気になったのですけれど、どんな話題についても「そう！　そう！　そう！」とはげしく頷《うなず》いて、ぴょんぴょん跳びはねて、ハイタッチして、というような「コミュニケーションできてる感」をアピールする学生が増えてきました。そういうオーバーアクションが無言のうちに全員に強制されている……そんな印象を受けました。

何もそんなに共感できていることを誇示しなくてもいいのに、と思ったのです。だいたい、それは嘘だし。ふつう他者との間で100％の理解と共感が成立することなんかあり得ません。あり得ないことであるにもかかわらず、それが成立しているようなふりをしている。「そんな無理して、つらくないですか?」と横で見ていて思いました。

どんなに親しい間でだって、共感できることもあるし、できないこともある。理解できることもあるし、できないこともある。それが当たり前だと思います。長くつきあってきて、腹の底まで知っていると思っていた人のまったく知らない内面を覗《のぞ》き見て心が冷えたとか、何を考えているのかさっぱりわからない人だったけれど、一緒に旅をしたらずいぶん気楽であったとか……そういう「まだら模様」があると思うんですよ。

歌謡曲の歌詞だと、心を許していた配偶者や恋人の背信や嘘に「心が冷えた」方面の経験が選好されるようですけれど(ユーミンの「真珠のピアス」とか)、その反対のことだってあると思うんです。さっぱり気心が知れないと思っていた人と一緒に過ごした時間が、あとから回想すると、なんだかずいぶん雅味《がみ》あるものだった……というようなことだってあると思うんです(漱石の『虞美人草』とか『二百十日』とかって、「そういう話」ですよ)。

僕はどちらかと言うと、この「理解も共感もできない遠い人と過ごした時間があとから懐かしく思い出される」というタイプの人間関係が好きなんです。そして、できたらそれをコミュニケーションのデフォルトに採用したらいかがかと思うんです。そのことをこの場を借りてご提案させて頂きたい。

二

以前に「アダルトチルドレン」という言葉がはやったことがありました（さいわい、もうあまり使われなくなりましたが）。親がアルコール依存症であったり、家庭内暴力をふるうような家庭に育った子どもは精神を病みがちであるという説です。それについて書かれた本を読んだら、そこに「アダルトチルドレンが発生する確率が高い家庭」の条件がいくつか挙げられていました。その一つに「家族の間に秘密がある」という項目がありました。

僕はそれを読んで、それは違うだろうと思いました。話は逆なんじゃないかな、と。だって、家族の間に秘密があるなんて当たり前だからです。

家族といえども他の人には知られたくないあれこれの思いを心の奥底に抱え込んでいる。僕はそうでした。だから、僕は子どもの頃は親や兄に、結婚したあとは妻や子に、僕の「心の奥底」なんか覗かないで欲しいと思っていました。表面的に「演じている」ところだけでご勘弁頂きたい。だって、わざわざ心の奥底に隠しているわけですから、意馬心猿《いばしんえん》、社会的承認が得難いタイプの思念や感情に決まっています。別に、家族のみなさんに、それを受け入れてくれとか、承認してくれというような無理を申し上げるつもりはない。そっとしておいて欲しい。僕が求めているのはそれだけでした。ですから、もし「家族らしい思いやり」というものがあるとすれば、「この人は何となく『心の秘密』を隠していそうだな」と思ったら、その話は振らない、そっちには不用意に近づかないという気づかいのことじゃないかと思うんです。

もちろん、運がよければ、いずれどこかで、誰かに「これ、いままで誰にも言ったことがないことなんだけど……」ということを告白するときが来ます。そういう話を黙って聴いてくれる人が「親友」とか「恋人」とかいうわけですから。

でも、それは一生に何度も起きることのない特権的な経験です。「親友」とだって、それからあと、顔を合わせる毎《ごと》にそのつど「心の秘密」を打ち明け合うわけじゃないし、「恋人」と運よく結婚した場合でも、やっぱり朝夕ちゃぶ台をはさんで「心の秘密」を語り合うわけじゃない。心の奥に秘めたことを語るというのは、例外的で、そしてとても幸福な経験であって、のべつ求めてよいものじゃない。僕はそう思います。

「家族の間でそんな他人行儀なことができますか」という反論があるのは承知しています。でも、「他人行儀」をとっぱずした結果、骨肉相食《あいは》む泥仕合……という事例を僕はたくさん見てきました。そういう家族は例外なく「遠慮のない間柄」でした。だから、家族が罵り合う泥仕合になる前はずいぶん親しそうに見えた。遠慮なく、お互いの悪口を言う。欠点をあげつらう。容貌やふるまいについて辛辣な批評をする。それが「親しさ」の表現だと思っていた。でも、そういう家族はしばしば何かがきっかけになって（たいていはお金のことか、結婚のことで）崩壊した。そういうものなんです。「家族に承認されないようなお金の使い方」と「家族に承認されないような性的傾向」についてはあまり「親しく」コメントしない方がいいんです。「そうなんだ……そういう人なんだ……」と息を吞む、くらいのところでとどめておく。それが人に敬意を以て接するということです。家族に対してだって同じことだと思います。

どんなに親しい間柄でも、必ずどちらかが「何でそんなことを言うのかわからないこと」を言い出し、「何でそんなことをするのかわからないこと」をし始める。必ず。おとなしかった少女が、突然「もうたくさん。放っておいて」と捨て台詞を残して階段を駆け上がったり、優等生だったはずの少年が「オヤジのこと、ぶっころしてやりてえよ」と暗い目をしたり……。そういうことって、ほんとうにいっぱいあるんです。ほぼすべての家庭でそれに類することが起きる。これは避けがたいことなんです。だから、「そういうことって、ある」という前提で話を始めた方がいい。

でも、なかなかそこまで心の準備ができないので、そういう場面に際会すると「親しいつもりだった家族」はびっくりしてしまいます。そして、傷つく。どうして、そんなことをして自分を傷つけるのか、理由がわからない。あまりに一方的だ、ひどすぎると思う。そこでバランスを取るために、自分も相手に同じだけの傷をつける権利があり、義務があると思うようになる……。

怖いですね。

でも、「そういうこと」が起きるのは、「家族はお互いに秘密を持たない方がいい」とか、「家族は心の底から理解し共感し合うべきだ」という前提から話を始めたからです。前提が間違っていたんです。

もちろん、「あるべき家族」について高い理想を掲げるのはいいことです。でも、「あるべき家族」のハードルを上げ過ぎて、結果的に家族がお互いをつねに「減点法」で採点して、眉根を寄せたり、舌打ちをしたりして過ごすのは、あまりよいことではありません。それよりは、家族の合格点をわりと低めに設定しておいて、「ああ、今日も合格点がとれた。善哉《よきかな》善哉」と安堵するという日々を送る方が精神衛生にも身体にもよいと思います。

でも、そういうことを声高に主張する人っていないんですよね。ぜんぜんいないと言って過言でないくらいに少ない。どうしてなんでしょうね。

三

僕はそこには「共感」を過剰に求める社会的風潮が与《あずか》っていると思います。もともと同質化圧の強い日本社会にさらに「共感」とか「絆」とか「ワンチーム」とかいう縛りがかかっている。そのせいで、もう息ができないくらい生きづらくなっている。そういうことじゃないでしょうか。

たまに電車の中で高校生たちが話しているのを横で聴くことがあります。すると、ほんとうにやりとりが速いんです。超高速で言葉が飛び交っている。打てば響くというか、脊髄反射的というか、とにかく「言いよどむ」とか「口ごもる」とか「しばし沈思する」とかいうことが、ぜんぜんない。でも、これは異常ですよ。この若者たちは、たぶんそういう超高速コミュニケーションが「良質のコミュニケーション」だと思っているんでしょう。でも、それは違うと思う。そんな超高速コミュニケーションができるためには、そのサークルにおける自分の「立ち位置」というか「役割」というか、「こういうふうに話を振られたら、こういうふうに即答するやつ」という「キャラ設定」が確定していないといけない。でも、これはすごく疲れることだし、疲れるという以上に大きなリスクを含んでいます。

もちろん、打てば響くコミュニケーションは当座は気持ちいいですよ。ジャズのインタープレイみたいなものですから、「腕のある者」同士だと、気分のよい演奏ができる。でも、長くやっていると、「自分のスタイル」を変えることが難しくなる。「らしくない」リアクションをすると全員が注視する。「どうしちゃったんだよ。お前らしくないじゃない」という突っ込みが入る。これが「キャラ設定」の怖いところです。

たしかにキャラ設定を受け入れると、集団内部に自分の「居場所」はできます。いつもつるんで遊ぶ友だちもできる。でも、それは「初期設定をいじるな」という無言の命令とセットなんです。与えられた役割から踏み出すな、決められた台詞を決められたタイミングで言え、変化するな。そういう命令とセットなんです。

家族でもそうです。「あなたは……だから」という決めつけがなされる。「……」には何を入れてもいいです。僕の場合だったら、「樹は西瓜《すいか》が好きだから」「樹は要領がいいから」「樹は情が薄いから」などなど、無数の「キャラ設定」が家庭内でありました。僕がその期待に応えて、それらしいリアクションをすると、家族は機嫌がいい。家族が機嫌がいいと僕だってうれしい。言われてみれば、自分はたしかに西瓜が好きだし、要領がいいし、情も薄そうな気がする。でも、それってある種の「蜘蛛《くも》の糸」なんです。気がつくと、そういう無数の「樹は……だから」で身動きできないくらいにがんじがらめになっていた。

僕は成長したかった。変化したかった。当然ですよね。三国志故事では呉下《ごか》の阿蒙《あもう》は「士別れて三日ならば、即ち更に刮目《かつもく》して相待つべし」と言いましたけれど、ほんとうにそうだと思います。人が成長するときには、三日経つと別人になってしまうくらいの勢いで変わる。それが人性の自然なんです。

だから、「キャラ」の縛りが受忍限度を超えた時点で、僕は「すみません。長らくみなさまの〝内田樹〟を演じて参りましたが、もうこの役を演じるのに疲れました。役降ります。失礼しました。さよなら」と言って家を出てしまいました。

家族の絆はつねにこの「変化するな」という威圧的な命令を含意しています。だから、若い人たちは成熟を願うと、どこかで家族の絆を諦めるしかない。子どもの成熟と家族の絆はトレードオフなんです。「かわいい子には旅をさせろ」と言うじゃないですか。

絆が固ければ固いほど、成熟を求めて絆を切った子どもと残された家族とのその後の関係修復は困難になる。だったら、はじめから絆は緩めにしておいた方がいい。その方があとあと楽です。僕はそう思います。

僕は高校生のときに「役を降りて」学校を辞め、家を出て、その後経済的に困窮して、尾羽《おは》打ち枯らして家に舞い戻りました。まことに面目のないことでしたけれど、父は黙って、「そうか」と言っただけでした。意地っ張りの息子が何を考えているのかを理解することと共感することをその時点までに父は断念していたようでした。でも、この「何を考えているかわからない少年」を再び家族の一員として迎えることを決断した。その困惑した表情をいまでも覚えています。父は僕が50歳のときに亡くなりました。よい父親だったと思います。一番感謝しているのは、このときの「息子を理解することは諦めたけれど、気心の知れない息子と気まずく共生することは受け入れる」という決断を下してくれたことでした。

四

この往復書簡を通読されたみなさんは、僕と娘の親密なやりとりよりも、「なんとも微妙なすれ違い」の方に興味を持たれると思います。「これだけお互いに気持ちがすれ違っていて、よく『僕らは仲良しな親子です』なんて言えるな」と不思議に思う読者もおられると思います。

でもね、そういうものなんです。

僕たちはうまくコミュニケーションのできない親子でした。でも、うまくコミュニケーションができている親子というのは、先ほどの高校生じゃないですけれど、「打てば響く」ような超高速のやりとりができるということとは違うと思います。うまくコミュニケーションがとれないことそれ自体はあまり気にしない。そういうものだと諦める。そして、とりあえず、相手を家族内部的に設定された「キャラ」に閉じ込めることはできるだけ自制する。相手がどんどん変化しても、あまり驚かない（多少は驚きますけれど）。なんとかもう少しうまくコミュニケーションがとれるようになるといいんだけど。生きているうちは無理かも知れないなあ……まあ、それでも仕方がないかというのが僕の基本姿勢です。

こんな親ですから、るんちゃんも僕との親子のコミュニケーションについては、あまり高い期待を抱いていないと思います。

でも、それでいいじゃないですか。困ったときは困ればいい。「参りましたな、こりゃ」「ううむ、打つ手がありませんなあ」と腕を組んで、庭の海棠《かいどう》にふと目をやって、二人渋茶を啜《すす》る……というような親子関係があってもいいじゃないか、と。

というようなことを書くと、「いったい何を考えているんだか……そんな親子関係でいいわけないじゃん」というるんちゃんのため息が聞こえてきそうです。ごめんなさい。親子は難しいです。

最後になりましたけれど、こんな不思議な本の企画を立てて、僕たち親子を励ましてくださった中央公論新社の楊木文祥さん、胡逸高さんのお二人の編集者に感謝申し上げます。

親子二人きりだと気恥ずかしくて、往復書簡なんか書く気になれなかったと思いますけれど、第三者の目を気にしながら書くことで、これまで言えなかったことをお互いに正直に言い合うことができました。弁護士を間に立てて協議離婚するようなものですね……という不穏な喩《たと》えを思いつきましたけれど、これはあまりに不適切ですね。忘れてください。

何より、長い間付き合ってくれたるんちゃんに感謝です。ありがとう。たまには神戸に遊びに来てくださいね。

内田樹

往復書簡

1　パリ、カルチエ・ラタンの中華食堂にて

内田るん⬅内田　樹

お父さんへ

お父さんに手紙を書かなきゃ、と思って半月以上経つけどまだ書けないです。書いては消し、書いては消し、いつまでも始まりません。

だって、この本を手に取る人は「内田樹」の本だと思ってページを開くと思うのだけど、実際はまさにこのように、読者のみなさんのよく知らない人によって書かれた手紙から始まるわけで。

それは好きなミュージシャンのコンサートに行ったら、前座で全然知らないバンドの演奏が始まった、という状況に似ているかも……。

とにかく、誰もそれを期待していない中で、私の駄文から始まる本なのだと考えると、書く前から私も相当なプレッシャーなのです！
お父さんへの手紙でもあり、顔も知らない読者への手紙でもあるわけで、どんな風に書きはじめたらいいやら、まったくわからず頭を抱えていますが、とにかくもう書くしかありませんので書きますけど。

（以下、ツイッターのDMのやりとり）

私「編集者さんと打ち合わせして、往復書簡の1通目を書いてるけど、1通目って難しいね……」
父「おお、往復書簡始まりましたか。何書いてくれてもいいよ。あらためて家族に手紙を書いたりもらったりするのって、ちょっと照れくさいけどね。どういう文体にしたらいいのか……あ、こういう文体でいいのか」

（以上）

というわけで、こういう文体でいこうと思います。


このように、近年はお父さんとはずっと、用事があるときはツイッターのDMであっさり済ましがちなので、これを機に色々話ができたらいいなと思っています。

しかしやはり、「知らない人にも読まれる前提」というのは、話題選びが難しいです。

(そして知り合いに読まれてしまうのは、さらに困りものです。)

「こないだの法事はどうだった？」

「次のお正月はどうする？」

とか、そんな内輪の用件を語るにはあまりふさわしくない場なわけですから……。

(そういえば法事はどうでした？　今度、報告ください。)

ああ～難しい……。


そう言ってても始まらないし、担当さんとも「とりあえず好き放題に書いて、あとでどんどん伏せ字やカットしちゃうとかでもいいですか？」と話しています。

「……それで出来上がってみたら、すごく薄い本になってたりして」

と言ったら笑っていました。

笑えない事態にならないように頑張らないといけないのですが……。

ていうか実際、親子の対話なんて、そうそう気安く他人に読まれたいものでもないです。

私とお父さんのことは、私とお父さんの世界だけで完結していれば良い、という気もしています。この往復書簡の中で、誠実に何かを書いたり、過去を明るみに出しても、私とお父さんの間にあるものは、結局は、私とお父さんにしか知りえないものだと思います。

でもこうやって、他人からの視線で干渉されていくうちに、ここに書くであろう、「人に聞かせられる話」として改竄《かいざん》された記憶の方が、「正史」として残ってしまうかもしれないということが、私は少し不安です。

……でも、いま書いていて気づきましたが、心の奥深い場所にある、川底が水流にえぐられた跡のような記憶って、どうしたって消えないように、極端な話、記憶喪失で私が過去をすべて忘れても（頭が赤ちゃんにまで戻ってしまうと別ですが）、私の人格の中には必ず、お父さんの存在や影響というものが残るのでしょうから、過去の記憶なんてどんどん手放しちゃってもいいかも知れませんね！

最近、失うものがあって嬉しいなと思ったりします。知らずに持ってたものにも気づくし、それを失っても、私が私であることが不変なので。そんなことを思えるのも、私がまだ失って困るものを失っていないか、それに気づいていないから思えることなのかも知れませんが。

どうも私はだいぶ呑気《のんき》な人間のようで、そのことに最近、気がつきました。

そもそも、なんで私とお父さんとの往復書簡本、などという無謀な企画が実現したのか？

読んでいる方のためにも、そこから説明した方がわかりやすいかな、と思います。

雑に自己紹介すると、私は内田樹の一人娘で（だよね？　隠し子とかいなければ）、やや過激な両親のもと、東京に生まれ、6歳のときに二人が離婚して父の方に引き取られ、父と一緒に兵庫県芦屋市（神戸市のすぐ近く）に移住して、高校卒業までを過ごし、卒業後は母の居る東京に戻って、進学もせず就職もせずフラフラと暮らし続けています。漠然と「大人の男の人」が苦手というか、怖かったので、どこに行っても「社会性」が持てず、ようやく20代の終わりに、近所のガールズバーで歳の若い女性たちと楽しくお仕事していく中で、お客様である「大人の男の人」への恐怖心を乗り越えることができた……という、スローペースな人生を歩んでいます。小中高、いつもクラスメイトから「るんちゃんはマイペースだ」と、（良い意味より悪い意味で）よく言われました。

進学しなかった理由の一つに、つねに全国模試上位にいて東大を出たお父さんと一緒に暮らしながら、そこそこ程度の大学に入るための受験勉強を必死でする、というのは、負けず嫌いな自分としては絶対に嫌だったのと、昔からゼミの飲み会だの合気道会の打ち上げだので我が家に遊びに来る学生さんたちが、「レポート書きたくない」「卒論が書けない」と呻《うめ》いてるのをずっと聞いていたので、「大学とは、何百万というお金を納めた挙句に、書きたくないレポートや卒論に追われるばかりのところなのか……」という刷り込みができてしまい、「大学」というものに何の憧れも感じなくなってしまっていたのが大きいです。本当はみなさん、ちゃんと勉強していたんでしょうけどね！

こんなかんじで、ちんたらのんたらやってきた人生ですが、子どもの頃からずっとやりたいと思っていた「フランス語の勉強」を、お父さんの資金援助で30歳過ぎてから始めさせてもらいました。子どもの頃に両親が英語もフランス語もできるのを見ていて、「大人になれば私も英語とフランス語が話せるようになる！」と信じていたのに、実際は英語もろくに話せない現実の「大人の私」に、内心ガッカリしてしまっていました。いま思えば、父も母も当時はそんな語学堪能だったわけではなく、一般教養の範疇で読み書きや挨拶ができただけなんですが（母は田園調布雙葉《ふたば》出身なので、中高でフランス語も習っていました）。

期待していたような大人にはなれそうもないまま、10代のさまざまな挫折感を引きずりながら、高校卒業後はなんのあてもなく「自分は何がしたいのかな」と、ライブバーで音楽イベントを企画したり、リサイクルショップで冷蔵庫や洗濯機を洗ったり（どれも楽しい仕事でした。お金にはなりませんが）、色々模索しました。30歳過ぎになって、ずっと長いこと「自分にはとてもできないだろう」と腰が引けつつ憧れもあった「お水」業で、自分の中の社会に対する不安や、対人関係への恐怖心を多少は克服できたのをきっかけに、「子どもの頃になりたかった大人」をもう一度目指してみることにし、「フランス語」を勉強することになりました。御茶ノ水のアテネ・フランセに週1、2のペースで通いはじめ、5年かけてようやくフランス語検定2級が取れました。こうやって改めて書いてみると、本当に遅い歩みですが、それでもちゃんと自分の自信になってます。大人の「5年」って短いし。

そんな私を、お父さんがパリに連れていってくれました（2018年6月のことです）。ビジネスクラスで行くパリの旅……最高の快適さでした。改めて、ありがとうございました！

行きに乗ったエールフランスのビジネスクラスと、その前に羽田から関西国際空港まで乗ったANAのエコノミーの違いに驚愕しました。普段、ほとんど飛行機に乗らないので、何かの間違いかと思うほど狭かったのです。身長160センチもない私が乗ってもこんなに狭いなら、お父さんのような身長の高い人たちはどうなってしまうんでしょうか⁉

お父さんのパリでの合気道の講習会が始まる前の2日間、一緒にオルセー美術館やオランジュリー美術館を巡りましたね。7歳のときに一緒にパリに来たときを思い出し、あの頃は美術館なんて何も面白くなかったけど、いまは一緒に楽しめて良かったです。

合気道の講習が始まってからは、お父さんは昼間はずっとそっちなので、私は一人でパリのあちこちを散策しました。『地球の歩き方　パリ&近郊の町』も持っていったけれど、ほとんどホテルに置きっ放しでした。グーグルマップはめちゃ便利ですね。
オデオン駅そばのホテルからの徒歩圏内だけでも、パリ植物園、鉱物陳列館、リュクサンブール公園と楽しめましたし、ルーヴル美術館の前では、署名集めを装ったスリの美少女に、財布を入れてる胸ポケットに指を突っ込まれて仰天しました。大胆不敵です。

6月30日は偶然、パリでのレインボープライド（性的少数者が、前向きに生活できる社会の実現を目指す団体）のパレードがあって、何キロも続く長い長いパレードは壮観でした。ＳＮＣＦ（フランス国鉄）やエールフランスもパレードに参加していて、腕いっぱいにタトゥーの入った職員さんたちの眩しい笑顔に心打たれました。パレードの車の上で、いくつかの言語で「愛してる」と書いたプラカードを掲げていた人が、日本人の私を見つけてすぐ日本語のプラカードを向けてくれたのがとても嬉しかったです！　外国で、その国の人に歓迎されるというのは、言葉では表せない感動です。最初のうちは市内を歩きながら、「アジアから来た観光客、という目でしか見られないんだろうな」と「よそもの意識」に強張っていたので、パリは思っていたよりも冷たい街ではなかったです（東京の山手線に乗り慣れてる人からすれば、パリは「親切な人ばっかり」という印象でしょう）。

パリ出発前は、滅多にしない海外旅行に不安ばかりが募って、私が旅先で帰らぬ人となった場合に備えて、一緒に暮らしている母にパソコンのパスワードを書いたメモを渡したり、遺言書を書いたり、羽田空港まで事前に下見をしに行ったりしたほどでしたが、着いてしまったら、そんな不安はすっかり忘れて、思い切り楽しめました。ヨーロッパの夏は夜の9時でもまだ日が暮れずに昼のように明るいのも、日本と違って24時間営業のコンビニが無いのも（代わりに夜中3時までやっている個人経営の食品雑貨店があちこちにあるのもわかったし）、すぐに慣れました。ていうか、いまはＷｉ‐Ｆｉと端末さえあれば、気になったことや調べたいことがすぐわかるので、ありがたいというか、すごい時代になったものです。現地でのお父さんとの連絡も、結局ツイッターのＤＭだったし……。

一週間ほど滞在したけれど、朝から合気道の講習、夜は参加者の方々と食事、とパリでも忙しいお父さんとは、同じホテルにいても一度も顔も合わせない日もあったけど、最後の夜だけは講習会最終日の打ち上げを断って私とカルチエ・ラタンに中華を食べに行こうと誘ってくれて、二人だけで晩御飯を食べられたのは（機内食を除けば）この日だけだったので、そういう時間を頑張って作ってくれて嬉しかったです。

お父さんは「その店ね、チャーシュー麺が食べられるらしいんだよ！」と、いそいそとお店に向かっていて、昔、お父さんがハマっていた「神戸の中華そば　もっこす」のチャーシュー麺を思い出しました。よく「ねえ、今日、晩御飯、ラーメンにしてもいい？」と、懇願するお父さんに「いいよ」と答えると、スーパーに向かってるはずだった車をUターンさせて、一目散に「もっこす」へ走らすお父さんを。

お父さんの念願のパリのチャーシュー麺は、麺は米麺で、味付けもチャーシューもタイ風で（というか、そこは「中華料理も出すタイ料理屋さん」だった）、おそらく全然「チャーシュー麺」じゃないんだけど、お父さんは「おいしいおいしい」と言って喜んで食べていて、私の中のお父さんの思い出に、新たな「#チャーシュー麺」のタグ付けされた思い出ができました。食べ物から思い出す他愛ない記憶って、人生で色々ありますよね。

食事を一通り食べ終わったら、お父さんがパッと私の顔を見て、「るんちゃん、お仕事の話なんだけど」と、出版社から「親子論」を書いてもらえないかという依頼が来ていることを、私に話しはじめました。お父さんはもうすでにたくさんの抱えている仕事で手一杯だから、書籍のお話は一切お断りしているけれど、ちょっとその企画には目に留まる所があったそうで、

「その送られてきた企画書にね、〝るんちゃん（娘）との対談〟っていうのがあってね……それならちょっとやりたいなあって思ったんだよね。もし、るんちゃんが「やる」って言ってくれたら受けようかなと思って。どうかなあ？」

私は一瞬、「きっとなかなか難しい仕事になるだろうな」と、正直、少し億劫《おっくう》に感じました。

でも、お父さんと一緒に文章の仕事ができる機会なんて、もう二度とないかも知れないし、「是非やりたい！」と（本当は、そのときはまだ半分迷っていたけど）受けました。

それに私は、お父さんにはフィクションでもいいから私小説を書いて欲しい、と前から頼んでいたのですが、どうも書いてくれそうもないので、この機会に私がインタビュアーになって、この手紙のやりとりの中で、お父さんの心の中にある、お父さん自身の両親や兄弟に対する、理屈に合わないような愛憎入り混じった感情や、恨みや、思い出を、拾い集めて文字に残したいな、と。もちろん、お父さんがすでに自著で語っている

ものもたくさんあるだろうけど、「読者」に向けて自分から語るものと、実の子どもに訊かれて、しぶしぶ答えるものとでは、きっと違う側面が出てくるのではないか、と。

私は、「私のお父さん」でもなく、研究者でもなく、ただの、ひとりの少年、ひとりの青年、ひとりのおじさんとしての「内田樹さん」がどんな人間であるか、じつはとても興味があるのです。でもお父さんは、自分が考えていることを、どんどん読みやすくてわかりやすいパッケージで世間の人々に伝えているうちに、誰もが持っている「めんどくさい」部分、理性的でなく、矛盾に満ちて、ナイーヴな部分を、「しばらく用が無いかな」と仕舞い込んでしまっているように見えます。そういう風にキレイに剪定《せんてい》されて、いつも笑顔でフラットな「内田樹さん」としか会えなくなってしまったのを、娘の私としては少し寂しく思ってるのですよね……。

そういう意味では、パリから帰国の日、シャルル・ド・ゴール空港でお父さんが合気道の杖《じょう》を預かり荷物で受け付けてもらえず、空港の中を散々たらい回しにされ、二人してフロアの端から端まで3往復くらい走らされ、結局誰からもまともに対応してもらえず、搭乗の締め切り時間が迫って仕方なく杖を空港内に捨てていく羽目になったときの、お父さんが泣きそうになりながら空港職員さんたちに「だから!!　あっちではこっちに行けって言われたの!!　もう時間がないの!!!」と、フランス語で必死になってまくし立てていた様子、そしてそのあと飛行機内で落ち込みまくっていたお父さんが見られたのは、なんだか子どもの頃によく見たナーバスなお父さんを垣間見た気がして、じつは少し良い思い出です。とは言え、アレは本当に酷かったですね……!

私がこの往復書簡本の依頼を受けた理由の、もう一つに、お父さん自身はすでに自分のプライベートな個人史をちょこちょこと切り売りしているようだけれど、お父さんの膨大な著書の中に、一人娘である私との直接の関わりがテキストとしてそれほど残っていないというのが、なんだかちょっぴり寂しいな～と思っていたのがあります（そもそも、お父さんの著書は膨大すぎてほとんど読めていませんが……）。2018年現在は、お父さんの名前を検索すれば、娘の私のツイッターアカウントまで一瞬で辿りついてしまうけど、あと20～30年くらいして、いま使ってるSNSやwebサービスがすべて消えてしまえば、そのあとにお父さんの著作を読む人は私のことを、お父さんの文章に時々出てくる「娘のるんちゃん」という一キャラクターでしか存在を認識できないのだな、と考えると、なんとなく少し腹が立つのです。正直、ワキ役で終わりたくないというか……。

「私は居るぞ！　実在して、お父さんの文章の中に出てくるだけと違って、もっとめんどくさくて、鬱陶《うっとう》しい厄介な人間だぞ！」と、いまのうちにアピールしたい。

そりゃもちろん、「うちのバカ娘ったらよ～困ったもんですよ」と、知らないところでお父さんに悪く書かれるのも絶対！　に嫌だけど、「このぐらいなら無断で書いても、るんちゃん怒らないよね」っていう、そこそこ無難な部分だけがテキストに残ってしまうのも、なんだかなあ……という複雑な気持ちがあるのですよ。……と書いたけど、もうここまで読んでもらえたら、「内田るんという、めんどくさいキャラクターを知ってもらう」という、その目的は果たせたようなものですね。よしよし。

さて、まだ担当さんに指定された文字数に満たない。困ったな。私は文章を書くのは昔から苦ではないのですが（これも、お父さんの血かしら）、あとからでも手を加えられるブログなどと違って、どこかに掲載されたり、紙に印刷されるとなった文章を書くとなると、（これでも）推敲に推敲を重ね、２千字のレビューを書くのに、１万字くらいは書いては消して、えらく時間と手間がかかります。でもそうやって苦労してから読むお父さんの文章は、とても読みやすくてキャッチーで、リズムがあるし、漢字と平仮名の配分、改行を多用するタイミングも、読んでて「なるほど！」となります。お父さんの文章は、頭の中で声に出して読んでいても息切れしないタイミングで句点が来るようになってるんだと気づきました。きっと、そう意識して書いているのだろうけど（若い頃にバンドでドラムをやってたのが関係しているのかな？）。

昔は、子どもが親と同じ仕事をするのって、身近な人のモノマネみたいというか、親の影響が大きすぎる、主体性に欠ける選択のように感じていましたが、単純に、「親を具体的にリスペクトできる」というステキな利点がありますね！

そしてフランス語を学んでいるいまわかったことは、お父さんには語学の才能が、どちらかと言うと無い方だということです！　私がアテネ・フランセに通いだしてすぐ、お父さんが私の持っていた教材を手にとって、中のダイアローグを音読したあと、一瞬黙ってから私の顔を見て、「ふっふっふ……もう気づいたでしょう、僕は……、フランス語の発音がめっちゃ下手なんだ〜！」と泣き笑い顔で言いだしたことがありましたね。でも逆に、それがすごいです！　あんなに発音が下手なのに、何十年も勉強しつづけ、高度なフランス語を必要とする学問を生業《なりわい》とし、シャルル・ド・ゴール空港でもあれだけまくし立てられるんですから、改めてお父さんがどれほどの努力家であるかが理解できたことも、フランス語を勉強して良かったことの一つです！

そういえばもうじきお父さんの誕生日ですね。記憶にあるだけでも、お父さんの誕生日はもう何十回と過ぎたので、何年前に何を贈ったとかはほとんど忘れてしまいました。あ、でも七宝《しっぽう》焼きのネクタイピンを作ったのは覚えてます。あれは神戸女学院の学祭で、七宝焼きのサークルの体験コーナーで作ったものです。そういえば七宝焼きがその場で作れる展示って、いま思えばわりと珍しい気がしますし、とても面白かったです。

あの当時、女学院の学祭は毎年の楽しみでした。中庭で催されていたバザーで買った白いコットンのカーディガンも、子どもだから相場がわからず、古着なのに１０００円も出してしまって、「ああ、バカだったなあ」と長年思っていたのですけど、さすが神戸女学院の学生さんの古着！　着心地が良く、洗濯を繰り返してもダメになることなく、結局パジャマとして25年くらい着ていますので、十分にモトがとれてしまいました。

似たようなことに、若い頃は「浅はかで凡庸な人物」だと思っていた知人が、その「凡庸さ」を武器に、それなりに立派になっているのを見たとき、人間って奥が深いし、時間って重ねていくと物事の見え方や意味まで変えて行くものなんだな、と感銘を受けたことがあります。そういう風に、時間が経つと意味や価値が変化することって（私くらいしか生きていなくても）、時々あるので、長く生きていくのは面白いですね。いま、目にしているものたちが、今後どれくらい私の中でひっくり返っていくのか想像がつかず、怖くもあり、楽しみでもあります。

お父さんは、「くだらない人だなあ」と思ってた人が、じつはなかなか稀有《けう》な人物だと思い直したり、「失敗したなあ」と後悔していたことが、時間が経ってからむしろ大正解だったと気づいたりしたようなこと、何か思いつきますか？

内田るん ➡ 内田　樹

2　僕が離婚した年の長い夏休み

るんちゃん

往復書簡第1通目頂きました。どうもありがとう。どういう文体で書いたらいいのか、僕もよくわかりません。とりあえず、ふだんるんちゃん宛てにDMで書いている文体でゆくことにします。

書簡だと字数制限がないので、ちょっと緩い文体になるかも知れませんけれど、ご容赦ください。

書簡の中のシャルル・ド・ゴールで僕が走り回っていたところ、カルチエ・ラタンで中華を食べたときのこと、思い出しました。

二人とも同じ時間に同じことを経験したはずなんだけれど、それぞれ生きられた時間も、記憶されたこともちょっとずつ違うんだなと思いました。

シャルル・ド・ゴールのチェックインのトラブル、あれ僕にはけっこうダメージ大きかったです。

旅の終わりでしたけれど、今回はなぜか一つもトラブルがなかったでしょ（荷物の紛失もなく、スリにも遭わず、タクシーでぼられることもなかった）。でも、「いや、そんなはずはない。フランスから無事に帰れるはずがない……」とどす黒い猜疑心《さいぎしん》に覆われていたんです。だから、ホテルから空港まで乗った乗合タクシーでも「大渋滞に巻き込まれて飛行機に乗り遅れるのではないか」とか、「タクシーの運転手が勘違いして、違うターミナルにつけて、そこで降ろされて、別のターミナルまで何百メートルも歩かされるのではないか」とか、頭の中は不安でいっぱいだったんです（よくあることだから）。でも、そういうことを顔に出すとるんちゃんが心配するかも知れないと思って、「旅慣れた顔」をしていたんです。

すると意外にも、何も起こらずにチェックインまで無事に来てしまった……。いや、そんなはずはないと思っていたら、案の定「この荷物はアクセプトできません」と言われて、「ああ、やっぱり……」と納得しちゃったんですよね。フランスはこうでなくっちゃ。「あの辺にきっと落とし穴があるぞ」と思ってどきどきしながら歩いていたら、ずぽっと落とし穴に嵌《は》まったときの「ほら、やっぱり」という感じです。自分の予測が当たったことへの満足と、「わ、困ったぞ」という当惑とが混ざり合った。

僕のお友だちの音楽家のヲノサトルさんは、こういうときにはにやりと笑って「面白くなってきたぜ」と呟くんだそうです。そうすると頭が冴《さ》えてきて、トラブルがさくさく解決されるそうです（ほんとですかね）。

今回は最後の最後の「もう大丈夫か……」と油断した瞬間に不条理な出来事に遭遇したので、しばらく立ち直れませんでした。いまでも、どうしてあの荷物のタグが「無効」とされたのか、どうしてどの窓口の、どの職員も有効なタグへの付け替えを拒否したのか、その理由がわかりません。「まあ、フランスだから」ということで諦めることにしていますけれど、いまでもときどき夜中に思い出して、胃のあたりがきりきりします。

あのときにるんちゃんがそばにいてくれて、絶望にうちひしがれている僕を一生懸命落ち着かせようとしてくれたこと、とても感謝しています。搭乗までの待ち時間（2時間くらいあったはずなんですよ）にるんちゃんに免税店でいろいろお土産を買ってあげようと思っていたのがぜんぶダメになって、がっくりしていたら、アムステルダムでの15分しかなかった乗り継ぎのときに、おそろいのSwatchを「これでいいよ」と言ってくれたことにも、気づかいにとても感謝してます。

前に二人でフランスとスペインを旅したときのことをいろいろ思い出しました。あれは1991年の夏休みで、るんちゃんはまだ小学校2年生でした。

どうして、二人で地中海で3週間のバカンスを過ごそうというような無謀なことを思いついたのかよくわかりません（お金もなかったのに。ボーナス全部注ぎ込んで、足りない分は銀行でキャッシングしたんです。完済するのに半年くらいかかりました）。

たぶんマルク・リゴディス君（覚えてますよね、ティファニーとマキシムのお父さんで、東海大学で僕が非常勤講師をしているときに同僚だったナイスガイです）が、僕が離婚して関西に移ったという話を聞いて、僕たちを元気づけようと「夏の間、僕の家がある海岸の街に来ない？」と誘ってくれたのだと思います。

僕たちは芦屋に引っ越して来たばかりで、僕もるんちゃんも一緒に遊ぶ友だちもまだいなくて、長い夏休みをどう過ごしていいかわからなかったので、「渡りに船」とそのオファーに飛びついたのだと思います。

あの旅のことはときどき思い出します。すごく記憶がくっきりしています。

ヴァルラス・プラージュの海岸で二人でごろごろしているうちに、5日くらいで地中海のバカンスに骨身にしみて飽き飽きしたのでした。だって、ほんとにすることないんですからね。寝そべってるか、泳いでるか、ご飯食べてるかしかないんだもの。

マルクから同じ海岸で寝そべっているヴァカンシエたちを紹介してもらったんですけれど、「ヴァカンシエ同士は決してプライヴァシーにかかわる話をしてはいけない」と最初に釘を刺されたので、「お仕事はなにしているんですか?」とか「どこにお住まいなんですか?」とか訊いちゃいけなかったんです。それを禁じられると、あとは天気の話くらいしかすることないんですよね。「今日はちょっと寒いですね」「そうですね」「明日は暑くなりますかね」「なるといいですね」くらいでおしまい。あとは並んでぼおっと海を眺めているだけ。

僕はさいわいその夏にマルクの書いた短編小説集を日本語訳するという仕事を終えたところだったので、二人で原稿用紙の上に頭を突き合わせて、「このフランス語、こんなふうに日本語訳したんだけれど、そういうニュアンスでいいの?」というような、なかなか興味深い会話をしてたりしたんですけれど、それも3日くらいで片づいてしまって、あとはほんとうに何も・することが・なくなった。るんちゃんはもっと前から、最初の日から、ティファニーと会っているとき以外は、何もすることがなくなってしまったんですよね。

日本を出るときにるんちゃんが「マンガ持って行っていい?」と訊くので、「いいよ」と言ってトランクをチェックしたら、荷物の半分くらいマンガだったので、「こんなの重くて無理だよ、減らして」と命じて、たしか3冊くらいまで減らしたんですよね。その3冊を旅の間ずっと読み続けていて、最後はとうとう全部のコマとセリフを暗記してしまって、退屈を紛らわすためにバルセロナまで短い旅行をしたときに、道中『あさりちゃん』全巻の口頭再演をしてもらったことを思い出します。この子はマンガを滋養として生きているのに、その持ち込みを僕が禁じたせいでこの子はいま壮絶な飢餓状態にあるのだ……と深く後悔したのでした。

だから、ヴァルラスからパリに戻って最初に、僕たちはオペラの「ひぐま」で味噌ラーメン食べて、その近くの東京堂という書店で『コロコロコミック』を買ったのでした。るんちゃんはその後二日ほどものも言わずにその600頁の『コロコロコミック』を文字通りむさぼるように読んでいました(翌日オルセー美術館に行ったときも、るんちゃんは絵画にも彫刻にも何の興味も示さず、ヘラクレスの彫刻の前のベンチに座って、ひたすら『コロコロコミック』を耽読《たんどく》していたのでした)。あれほど熱心に本を読む人を僕はあとにも先にも見たことがありません。

他にもいろいろ思い出しました。

スペインへのドライブの最初の日がカルカッソンヌ泊まりで、けっこういいホテルで、プールも深くて冷たくて気持ちよかったんだけれど、そのホテルで出たなんかクリームのべたべたした夕食がどうにもまずかったこと。

次の日にピレネーの山奥で泊まったホテルが僕たちしか宿泊客のいない幽霊屋敷みたいなところで、することなくて二人でベッドの上でトランプして時間をつぶしたこと。

3日目にバルセロナに遅くに着いて、カフェでるんちゃんがパフェを頼んだら、それがすごく高くて、僕がちょっと不機嫌になったら、るんちゃんがパフェを頼んだことをはげしく後悔して、涙目になって謝ったので、パフェごときで子どもを泣かせた自分に対して今度は僕が自己嫌悪に陥って、二人ともしょんぼりしたこと。

あとよく覚えているのは、ヴァルラスで僕たちが借りた家の近くに移動遊園地があって、そこで毎晩るんちゃんが豆自動車に乗るのを楽しみにしていたこと。ほんとに「子どもだまし」のおもちゃなんだけれど、それが一日の最大の楽しみだったくらいに、るんちゃんは退屈していたのでした。

るんちゃんがもしいずれ「回想録」を書く機会があったら、ぜひ「人生で最も退屈だった3週間」としてヴァルラス・プラージュでの日々を思い出してくれるといいなと思います。あまりにすることがなかったので、あのときのできごとはずいぶん細部までくっきりと思い出すことができます。不思議なものですけれど、退屈な日々って、何も事件が起きないので、そのときの暑さとか、日差しとか、花の香とか、海の水の味とか、深く記憶に刻み込まれるんですね。ほんとうに貴重な思い出です。

往復書簡を30年近く前の旅の思い出から書き出すというのもへんな話ですけれど、るんちゃんが今回の旅の思い出と、「もっこすのラーメン」のことを書いたので、記憶がどっと溢れ出てきてしまいました。

昔の出来事について、そのとき思ったことと、あとから回想して思うことは、ずいぶん違います。一つには僕たちは過去の記憶を新しい出来事が起きるたびに「書き換え」しているからだと思います。記憶は文脈の中で生まれたり、消えたりする。あることを経験したせいで、「過去のあの出来事の意味がわかった」ということがあります。自分には「こういう面もあるな」と自己認識が少し改定されると、それまで忘れていた自分の過去の言動を思い出すことがあります。いままでは「自分らしくない」という理由で記憶の後景に退いていたものが、「自分らしさ」がヴァージョンアップしたせいで、前景化してきたのです。

るんちゃんの最後の質問、「『くだらない人だなあ』と思ってた人が、実はなかなか稀有な人物だと思い直したり、『失敗したなあ』と後悔していたことが、時間が経ってからむしろ大正解だったと気づいたりしたようなこと、何か思いつきますか？」ということですが、どうでしょう。

失敗だと思っていたことが「いかにも自分がしそうな失敗だった」とわかるということはよくあります。単なる偶然や不運ではなくて、自分にとって必然的な失敗だったということがわかる。そういうことはあります。

僕はいま能楽の稽古をしているのですけれど、稽古や舞台で僕が犯す失敗はすべて「僕がやりそうなこと」です。態度がでかい、ものごとを舐めてかかる、粗雑、自分勝手、無反省……そういう僕の個人的欠点が必ず失敗というかたちをとって外形化されます。「なるほど、これがオレの欠点なのか」ということがしみじみ身にしみます。

昔の人はある程度の年齢や社会的地位に達したら、必ずお稽古事（能楽や義太夫のようにシステマティックに失敗して、師匠に叱られ続ける芸事）を嗜《たしな》んだものですけれど、それは年を取って偉くなってきたせいで、「自分の欠点を思い知らされる」機会が減ることを警戒していたからだと思います。

「くだらない人だ」と思っていた人に対する評価が大きく変わるということについては、記憶をたどってみても、経験がありません。

たぶん僕の場合は会った人については「くだらない人／まっとうな人」という見きわめよりも「興味を持てる人／持てない人」の分類が先行して、「この人、興味ない」と思うと、まったく観察しなくなるからではないかと思います。「この人、すごく変」とか「この人、邪悪」とか思うと、仔細に観察して、データを絶えず更新します。人間はどこまで愚鈍になれるかとかどこまで邪悪になれるかということを知るのは生き延びる上できわめて重要な情報ですからね。

ではまた～。

3 「内田樹の真実」はどこに？

内田るん
⇐
内田　樹

お父さんへ

迅速なお返事ありがとうございます。というか速い……速すぎる……（あと、字数が少ない、ずるい）。

前回の冒頭でも書きましたが、私は1通目を書くのにとても苦労し、1ヵ月丸々かかってしまいました。編集者さんに読んでもらい、アドバイスを仰ぎ、さらに紙に印刷して自分で赤を入れて直し、なのに、お父さんってば2日で返事を。

お父さんのツイッターを見ていると相変わらず忙しそうにしているのに、一体いつ、どんな速さで返事を書いてしまったのか……。お父さんの超人っぷりをいままさに体感しております……。

とはいえ、私がサーブしてラリーが始まったのだから、とにかく拾って返していけば往復書簡になるはず、と前向きに、どんどん返していきたいと思います。

早速、お父さんの記憶の池に小石をポチャンと投げ入れて、泥のように沈んでいた思い出を水底から舞い上がらせれたようで、懐かしい話を聞けて嬉しいです。

もちろん小学校2年生の夏休み、フランスとスペインの旅はよく覚えています。『うる星やつら』ワイド版の第3巻と、てんとう虫コミックスの『あさりちゃん』を2冊。本当に、ページをめくる部分が木綿みたいに擦り切れるまで読んで、「何ページ目の何コマ目のセリフは？」と、お父さんにクイズを出してもらってまで、無理やりヒマをつぶしたり。毎晩のように連れて行ってもらった移動遊園地のゴーカートも、よく覚えていますよ！　滞在中はあれだけが楽しみでした。

あと、お父さんが「生姜焼きが食べたい！」と、フランスのお肉屋さんで豚の塊肉を買ってきて自力で薄切りにし、飯盒《はんごう》で炊いたご飯とインスタント味噌汁で「生姜焼き定食」を作って食べたのも覚えています。すごく美味しかったですね。

強く印象に残っているのは、やはり現地で食べた美味しいものです。見たことない洋梨や真っ赤なプラム。日本じゃ考えられないくらい熟した状態で売られていたのを覚えてます。それと、買った瞬間から香ばしい良い匂いで、思わず齧《かじ》り付きながら持って帰った、長いバゲット。あれを是非また食べたいと思っていたのに、こないだのパリ旅行では探しても結局買えずじまいで食べられなかったので、あれはフランスでならどこでも食べられるというものではなく、あの土地ならではの美食だったのだなーと、30年越しに認識を改めました。ほかにも、犬が放し飼いで怖かったこと、小さな白い実のなっている植物の草原かと思ったら一面に広がる白いカタツムリの群れだったこと、風向きが変わると冷水になって泳げない海、ガラスが波に削られて透明の石になったものがいっぱい岸辺にあって、それを拾ってお土産にしたこと。全部、「人生で一番退屈な夏休み」の贅沢な思い出です。

アムステルダム空港で買ってくれたスウォッチ、ありがとうございました。前に別のお土産でくれた白いスウォッチと交互に毎日つけてます。今回はお父さんとお揃いのデザインで買ってもらったけど、お父さんはあのときに買ったスウォッチを使ってますか？　私はいつも身につけるとき、買ってもらったときのことを一瞬思い出しています。

でもそうすると、お父さんにとっては苦い記憶の呼び出し装置になってしまうから、もしかするとあんまり使ってないかもですね……。これからは、毎回つけるたびに、「今日、お父さんもこれとお揃いのをつけているかしら？　それとも、あの腕時計を見るたびに、シャルル・ド・ゴール空港の悪夢が脳裏をよぎって、胸がギュっと苦しくなってしまって、嵌めずに引き出しに戻してしまっているのかしら？」と繰り返し思うことになりそうです。

そういう風に、毎日、色々なことを無意識のうちに考えたり、思ったり、感じたり、思い出したりしていますが、何かを見るたびに無意識に連想することまで含めると、1日だけでも脳の中に映される風景は膨大な量になるだろうし、こうやって毎日のように同じ腕時計をして、そのたびに同じアムステルダム空港の風景や、落ち込んでしまってるお父さんの様子を思い出していると、それらの光景もだんだん、読み過ぎた漫画のように擦り切れて、原型をとどめなくなったりしますね。

逆に、あったこと自体をそれきりすっかり忘れて、一度も思い出さなかったようなことの方が、何かの拍子にまるで昨日のことのように思い出せるのでしょうね。お父さんが「もっこすのラーメン」というフレーズで色々思い出したように。こういうのが、

「マドレーヌによるプルースト効果」というのでしょうか。直接なにか味や匂いに触れたわけでもないですが、やはり「食べ物の記憶のタグ」は、脳の奥の引き出しを刺激するものがある気がします。エッセイ本の多くも、美食や食べた物にまつわる記述が細かいものほど、そのときの心理描写も細かく生々しい文章になっている気がします。

話は戻りますが、バルセロナのカフェでパフェを頼んでお父さんを不機嫌にさせたことはすっかり忘れていました。ただ、多分同じカフェですが、オープンテラスの席に座って二人でお昼にフライドポテトとステーキを食べて、「毎日、お野菜がフライドポテトだけで、便秘になっちゃったね……」と、顔をしかめていたのは覚えています。

ベッドの上でトランプをしたことも忘れてしまっていました。というか、お父さんとはあの頃、日本でも、毎日のように暇つぶしにトランプやオセロ、ファミコンで「上海」などを一緒にやっていた覚えがあります。お父さんはまだ授業が週2~3日しかなくて、合気道会も作ってない。私は「東京から来た転校生」でまだ友達が全然できてなくて（近所に住んでた子は男子か、学年が違う子ばかりだったし）、二人とも、見知らぬ土地の閑静な住宅街のマンションで、午後の明るい時間から、ずっと時間を持て余していましたね。小学校に付属してる学童保育も行ってたけど、そんなに遅い時間まで居られるわけでもなかったし。いまになって思うと、お父さんは囲碁や将棋、チェスはやらなかったですね。バックギャモンとモノポリーは好きでしたけど。あまり古典的なゲームは関心が持てなかったとか、好きになれない理由や曰《いわ》く因縁とかがあったのでしょうか？　昔、聞いたような気もしますが、忘れてしまいました。

マルク一家のことも、もちろん覚えています。弟のマキシムくんはまだ小さかったけど、同い年のティファニーは1歳になる前からの私の親友でした。最後に会ったのは、この1991年の夏休みで、それきりです。あの頃、家族で日本に住んでいたティファニーとはお互いに日本語で話していて、マキシムや彼女のお母さんとの通訳はティファニーがしてくれていた、と記憶してましたが、あとで聞いたら彼女は日本語をそんなに話せなかったそうで、一体私たちは何語で話していたのか……!?　いつか彼女に再会できたときにコミュニケーション取れないのは寂しい、という思いもあってフランス語を勉強しはじめましたが、その後、Ｆａｃｅｂｏｏｋで彼女を見つけてカタコトのフランス語でメッセージを送ったら、彼女は相変わらずの屈託のなさで、「子どもの頃、日本に住んでたけど、全然覚えてないや～ゴメン、今度ママに聞いてみる！」と、（もちろんフランス語で）すぐ返事をくれて、ちょっと拍子抜けしてしまいました。でも考えてみれば、私は彼女のそういうところが好きなのでした。

私は、私のことを忘れてしまうような人が好きみたいで、それは私もわりと、誰のこともすぐ忘れてしまうからかも知れません。ティファニーのことを覚えていたのは、私が小学校2年生のときに東京から引っ越した先の芦屋でなかなか打ち解けた友達ができなかったから、小学校に上がる前の幼馴染の友人らが恋しくて、ティファニーとの友情も美化されて強く記憶に残ったのかも知れません。30年近く過ぎて「上書き」されたいまの記憶では、ティファニーは「いま」しか見ない、あっけらかんとした元気な女性です。そのうち私も人生の変化に追われ、いつか彼女のことも忘れてしまうかも……と思うと少し寂しくて、こうやってティファニーのことを長々と書いてしまいます。色々なことを忘れてしまうために、私は毎日、何かしら書いているのかも知れません（事故で健忘症気味になってしまった知人は、一時期レシートをすべてためこんで捨てられなかったそうです。わかる気がします。レシートって特に生々しい記録なので）。

とはいえ、ティファニーのことを、たとえ彼女の存在ごと忘れても、あんな風になんでも言いたいことが言えて、「わかるわかる！」って無邪気にリアクションし合って、互いの顔色をうかがうようなところが1ミリもない友人が、この先もう二度とできなくても、「すごく仲の良い友達がいたことがある」という深い部分での記憶は、いまも私を勇気づけてくれている気がします。記憶は溶けて形がなくなっても、私の中に沈んでいくはずです。

「くだらないな、と思っていた人への評価がひっくり返ったことってありますか?」という私の質問に、

たぶん僕の場合は会った人については「くだらない人/まっとうな人」という見きわめよりも「興味を持てる人/持てない人」の分類が先行して、「この人、興味ない」と思うと、まったく観察しなくなるからではないかと思います。

とお返事くれましたが、なるほど……?

お父さんと私では、人の分類の仕方が違うみたいです。じつはこう書くとちょっと感じが悪いかも知れませんが……私にとっては、「興味が持てない人」というのは私にとって「いい人」「安全な人」と映る人で、「まっとうじゃない人」「邪悪な人」の方が、パッと目に入るというか、思わず注視してしまう気がします。もちろん警戒心からで、そういう人物と極力関わらないようにするために、強く記憶に残します。「この人は絶

対に信用してはいけない」と判断した瞬間のことは、そのときの相手の瞳がまざまざと思い出せます。

「私は人の悪い面しか見えないのではないか」と、時々哀しくなります。そして「邪悪な人」と判断した人に関しては、その後の観察や風の噂を聞く限りだと、私の判断が覆ったことがいまのところありません。それもまた哀しいことです。

人の魅力や欠点というのも、そもそも見る人によってそれぞれですよね。たとえば、私にとってお父さんの評価されてる部分というのは、現状ではごく一部です。お父さんは絵本の文章を書く才能もありますし、絵も上手だし、漫画だって描けます。お料理も上手だし、車の運転も上手いし、体型的に腰が高く脚が長くX脚と甲高で、バレエダンサーの才能がすごくあることも知ってます。一日家にいるだけの日も、汚い格好はせず、どんなに着古した服も神経質なくらい洗濯機で毎日洗って清潔にしていて、汗臭かったりしません。アメリカンカジュアルでまとめていつもオシャレだったし、（私の主観だけど）音楽の趣味も良いし、保育園でもお母さん方に運動会や餅つき大会でいつもモテモテだったし、「中型バイクと革ジャンにサングラスでお迎えに来るパパ」がいるのは、ちょっと悪目立ちもしたけど、鼻が高かったです。こうやって一緒に暮らしていた、私の子どもの頃の思い出だけを振り返ってみても、色々美点を思いつきます。きっと昔から お父さんのことをよく知ってる人は、もっと色々「内田樹」の魅力をそれぞれ知っているはずです。

なので、お父さんは「考えていることを文章にしたりお話しすることが上手」だけれど、それがお父さんの「一番の才能」として、世間がお父さんの枠を決めてしまっていることが、私にはなんだか「うちのお父さんはもっと凄いのよ⁉」という気持ちにさせられるというか、ちょっと不満です。勝手にうちのお父さんをどうこう言って欲しくないという気持ちがあります。世間の人は勝手になんでも決めてしまえるから恐ろしいです。共通認識ができてしまえば歴史だって改変されてしまう。だからこうやって、あらゆる証言・資料を残しておきたいです。

そしてもっと大事なことは、「本当のことは誰にもわからない」って理解してもらうことだと思います。私の見方や意見は、あくまで私のものです。色々言っていますが、これは「内田樹の真実」ではありません。そんなものは、お父さんの著書を全部読んだって、お父さんをストーカーしたってわからないことです。だってお父さん自身にだってわからないことなんですからね。

4 「記憶の物置」に足を踏み入れる

内田るん ➡ 内田　樹

るんちゃん

こんにちは。

2通目、ありがとうございます。今回はお手紙頂いてから旅が続いてゆっくりご返事する余裕がありませんでした。ごめんね。ようやくオフの日をみつけて書いています。芦屋に引っ越したばかりの頃、二人とも一人も友だちがいなくて、週末はほんとうにすることがなかったですね。よく覚えています。

4月になって新学期が始まって最初の週末、僕もるんちゃんも行くところがなくて、るんちゃんは仕方なくマンションの庭に咲いていたぱっとしない小さな桜の木をスケッチして、水彩絵の具で色を塗って時間をつぶしてましたね。

その絵は長いこと芦屋のマンションの壁に貼ってありましたけれど、僕はその絵がとても気に入っていました。絵を見るたびに、あの肌寒い週末の、二人で共有していた「ほんとにすることないね」感をありありと思い出すからです。

あの日曜日はそのあと車に乗って（覚えてますか、あの年はオースティンのミニに乗っていたんですよ）芦屋浜に行って、村上春樹が「幅五十メートルばかりに切り取られた昔の海岸線」と書いた、芦屋川の河口を散歩して、るんちゃんがコンクリートの堤防の上で所在なげに横になっている僕の写真を撮ってくれました。その写真はいまでも残っています。

することがなくて、バックギャモンやオセロやモノポリーをやっていたこともよく覚えています。モノポリーなんて、二人でやるもんじゃないのにね。

保育園にバイクで通園していたこともよく覚えています。乗っていたのはヤマハのXT250というオフロードバイクです。車高の高いバイクだったので、るんちゃんをタンデムシートに乗せるのは心配で、メットをかぶせてガソリンタンクの上に乗せて、僕が両手で抱えて送り迎えしてました。夏はジージャン、冬は革ジャンで、足元はブーツで、サングラスですから、保育園に送迎するお父さんとしては相当ガラ悪いですよね。実際にるんちゃんから「もうすこしおとなしい恰好をして来て」と注意されたことがありました。

でも、保育園の送迎はほんとにまめにやったんです。保育園の行事もフルエントリーだったし。だから、卒園式のときには僕が「保護者代表」で謝辞を読んだんです。副園長先生から「父親が謝辞を読むのは、内田さんが開園以来初めてです」と言われました。


昔のことをこうやって二人で思い出して、小箱にしまっていた小石を机の上に並べるみたいに「そうそう、そういうことあった」とか「それ、覚えてない……」とか確認し合うのというのは、とてもすてきな経験だと思います。

記憶というのは、不思議なもので、新しい経験をするごとに「上書き」されて、「書き換え」が行われます。それまで現実だと思っていたことがなんだかあいまいになり、逆にすっかり忘れていたことがありありと思い出されたりする。

子どものときは、自分がどういう人間であるかについてのイメージがわりとはっきりしています。あまり内的葛藤とか抱え込んでいないし、親や友人が「あんたは『こういう人』だよ」と断定的に言うじゃないですか。あれ、影響力強いんですよ。そう言われると「あ、そうなんだ」と信じてしまう。それがセルフイメージになって定着する。そして、そうやって作られたセルフイメージに合致しない経験は記憶の中に居場所がなくなって、「物置」みたいなところに放り込まれてしまう。

僕は子どもの頃に両親から「樹は要領がいい子だから」というのと「樹は人情が薄いから」ということを何度か言われたことがあって、それが呪いのようにまとわりついていました。自分は要領のよい人間だ、一時の感情に流されて想定外のことをするようなことができない人間だ……と思い込んでいました。

たしかに、現実にそういう面はあるので、親の言うことは決して間違いじゃないんですけれどね。でも、そういうふうにきっぱり断定されると、子どもはそれに合わせて自分を造形してしまうじゃないですか。それに合わせて行動したり、しゃべったり、それに合わせて感じたりするようになる。

僕だって要領の悪いことをいろいろしでかしたし、感情的になって判断が狂ったりということはときどきあったんですけれど、でも、そういうのは「僕らしくないこと」として、「記憶の物置」に放り込まれて、じっくり吟味されることがなかった。どうして、「こんなこと」を思ったり、したのかということを自分の問題として考えることがなかった。ただの「やりそこない」「ふみはずし」だと思っていた。

でも、そんなわけないんですよね。

人間がやることは一から十まで、ぜんぶ「その人らしい」ことなんです。よいことも、わるいことも。うまくいったことも、失敗したことも含めて、実はぜんぶ「自分らしいこと」なんです。

だから、全部の経験を等しく記憶して、それをときどき記憶のアーカイブから取り出して、よくわからないことについては、「さてまた、どうしてこんなことを僕はしたんだろう?」と考えるのはたいせつなことだと思います。

もちろん、そうしたからといってすぐに「あ、そうか! わかった!」というようなことは起きません。それほど簡単な話じゃない。やっぱりよくわからない。それでも、ときどき「記憶の物置」に足を踏み入れて、しばらく触れていなかった「記憶」を手に取って、しみじみと眺めて、「どうして、「こんなこと」をしたんだろう? わからない……」と天を仰ぐのはよいことだと思います。すぐに答えは出なくても、考えてみるだけでも。

僕が「要領がいい」「感情が欠落している」というのはほんとうの話で、その点では親の見る目というのはなかなか侮れないと思います。最近になって、それをずばっと言ってくれたのは友人の精神科医の名越康文《なこしやすふみ》先生です。

「サイコパス」について話していたときに、名越先生に「ウチダ先生もサイコパスですよ」とあっさり言われてしまいました。

「共感性ないから」って。

な、なんと。齢《よわい》古稀にならんとしている人間にそんなこと言わないで欲しいですよね。

「でも、ウチダ先生は『共感的である』というのはどういうことかを知識としては知っている。『こういう場合には、こういうふうにふるまうと他者に共感しているように見える』ということをデータとして蓄積している。そのつどそのデータベースを参照しながら他者とかかわっている。だから、遠くから見るとアナログな感情の起伏があるみたいに見えるけれど、近づいてみると、デジタルに感情の断片が配列されているだけなんです」

なんと。

そう言われてみたら、「そうか！」と思いました。いろいろなことが腑に落ちた。

親から「感情が希薄だ」と言われたのは正しく事実を言い当てていたんですけれど、そう言われて「悲しい」と思ったんですよね（ちゃんと感情的なリアクションをしているんですよ）。そして、これからはそんなことを言われないようにてきぱきと努力しようと思った（この辺が「要領がいい」ところです）。

そして、「感情的であるとはどういうことか」についての勉強を始めた。

これはほんとうの話です。


フローベールに『感情教育』という小説があるのをるんちゃんは知ってますか。物語そのものは、それほどわくわくしないふつうの恋愛小説なんですけれど、「感情は教育されるものである」「感情は学習されるものである」という真理がタイトルにきっぱりと書かれている点がインパクトあります。

でも、こんな有名な小説があるにもかかわらず、「感情教育」という言葉を僕たちはふだん使いません。

それは、感情は教育されるものじゃない、学習されるものじゃない、天賦《てんぷ》の、自然に備わった形質だから、作為的に操作することなんかできないとみんななんとなく思っているからです。

僕は自分で自分を相手に「感情教育」をしたんじゃないかと思います。

他者との共感性が高い人間になりたいと思った。でも、自然にふるまっている限りはなれない。だから、「どういうふうな言動や、表情や、口調や、みぶりが、「他者に対して共感的」と解釈されるのか？」ということを研究した。

僕にとって研究素材はおもに小説でした。

マンガと映画とテレビドラマからも学びましたけれど、こちらにはあまり「他者に対して共感的でない人物がそれに苦しんで、自己改造に励む」というようなシチュエーションは出て来ません。もっとシンプルです。いい人ははじめからしまいまでずっといい人で、悪い奴はずっと悪い奴で、あまり裏表がない。それではあまり感情教育には役立たない。


僕が小説を通じて感情教育が可能ではないかと思うようになったきっかけは、オルコットの『若草物語』を読んだことでした。

これは前にも言ったことがあるかも知れませんけれど、小学校の4年生くらいまで僕はマンガばかり読んでいました。教養主義的な父親がそれを心配して、講談社の『少年少女世界文学全集』を毎月取り寄せることにしました。

僕は素直な子どもだったので、毎月1冊送られてくるのを律儀に読んでいました。でも、正直、あまり面白いとは思わなかった。

それが一変したのは、配本が始まって1年くらいしてから、少女たちが主人公の小説がどかどか来るようになってからです。

最初が『若草物語』でした。

るんちゃんは読んだことありますよね。

ジョーに感情移入して、ジョーの気持ちに同化して読んだのですけれど、ジョーの眼を通して観察していたのは隣家の少年ローリーでした。

彼が自分の感情をもてあまして、言葉と気持ちの間にいつも乖離《かいり》があることはジョーの眼には丸見えです。はっきり読み取れる。ジョーやメグやベスにはローリーの葛藤と混乱が手に取るようにわかる。ローリー自身にはわからないことが、女の子たちには丸見えなんです。

なるほど、と思いました。

女の子の眼から男の子を見るように自分自身を見れば、自分の感情を制御する方法がわかるんじゃないかと思ったのです。

というのは嘘で、そんなことをそのときは思いませんでしたよ。そんな言い方知らないし。でも、あとから思うと、そうなんです。

それから続けて少女小説を読みました。

『赤毛のアン』『あしながおじさん』『小公女』『アルプスの少女』『愛の妖精』などなど。

少女小説を通じて僕が学んだのは、少女についてではないんです。少女の眼から少年たちはどんなふうに見えるのか、だったんです。

少年たちのどういうふるまいが少女たちから見て「好ましい」もので、どういうふるまいが「許せない」のか、どの辺が「あと一息」なのか。それを僕は少女小説を読むことを通じて学習したのです。

これが僕の「感情教育」だったんじゃないかと思います。

僕がのちに文章をたくさん書くようになって、それがかなりの数の読者から「共感をもって」迎えられたのは、決して僕が多くの人に共感されるような自前の「コンテンツ」を語っていたからではないです。かなり「特異な意見」を語っていましたからね。それまで誰も言わなかったことを言って共感される、って変でしょ。

だから、その共感は「ありもの」じゃなくて、僕と読者たちの間で、その場で作り出したものなわけです。

僕の「素のまま」を出しても理解されない。だって変な人だから。

でも、「素のままの自分を丸出しにしても理解されないので、困っている」という困惑のかたちには一般性がある。

そういう人、たくさんいますから。

たぶん僕は自分のことを説明するのが「うまい」んだと思います。自分をそのまま出してもわかってもらえないので、わかってもらえるように、ちょっと遠くから眺めて、「こういう人っていますよね」というかたちで取り出してみる。

自分のことを語るとき、ほとんどの人は「説明不足」になります。自分のことを自分はよく知っているから。だから、説明を省いちゃうんです。それだとわからない。


まえにFMラジオの「新春放談」でミュージシャンの大瀧詠一さんと山下達郎さんがこんな話をしていました。

歌手が自分で自分の曲をミックスすると、ヴォーカルの音が小さくなるんだそうです。自分で歌っているから、何を歌っているのかは熟知している。どこをどんなふうに歌ったのか、全部覚えているから歌詞がはっきり聴き取れる。でも、他人に聴かせると「バックの音が大き過ぎて、ヴォーカルよく聞こえない」ということになる。

だから、ミックスダウンをするときには、他人の耳を通した方がいい。そういう話でした。

なかなか奥の深い話だと思いませんか？

僕たちが自分のことを語る場合もそれと同じで、自分のことは自分がよく知っているから、つい説明が足りなくなる。説明不足でも、自分自身は説明不足だと思わない。だから、「素のまま」で書かれた言葉は何を言っているのかよくわからないものになりやすい。

自分のことを人にわかってもらおうと思ったら、仮説的に「他人の耳で聴く」「他人の眼で読む」という工程を一つ挟む方がいい。

僕はそんなふうに思います。

僕がものを書くときには、「自分の思いを伝える」というよりも、「ウチダという人が何を考えているかを他人に説明する」というちょっと他人行儀なことをしています。

それは例えば、「フランス語に訳せるかどうか」というようなチェックをかけるということです。

そういうふうに自分を少し突き放すこと自体がたぶん僕の場合は「共感性が低い」という生来の人格的な偏りのもたらしたものじゃないかと思います。

内田るん
←
内田　樹

5　親の心理に苦しむ子どもたち

お父さんへ

お返事ありがとう。なんだか泣けました。お父さん、子どもの頃にそんなことを親に言われて、とても可哀想だと思いました。

おばあちゃん（昌子さん）、晩年はよく家に行ってお茶飲み話に付き合いましたけど、あの方は浅はかなところがあるというか、相手の気持ちやリアクションを想像せずに思ったことをすぐに口に出すところがあって、よく耳を疑うような発言をして私を驚かしては、「あっ！　しまった……！」みたいな顔をして、慌てて誤魔化していました。それこそ昔の少女漫画に出てくる、意地悪な脇役みたいなところがあったけど、お父さんはそのことをあんまり知らないいんじゃないかしら？

「親の言葉」って、はずみで出てきたような些細な放言でも、子どもの方は深く囚われてしまって、それで人生の方向性を決めてしまったり、生涯苦しんだりしてしまいますよね。でも、「親がどんなつもりで言ったのか」を、子どもの方も時々、しっかり思い返して考察しないといけないと思います。

たとえば、「親のなにげない一言が自己像を決めつけてしまう」という件では私もお父さんに一つ恨みがあります！　一緒に芦屋に引っ越してきた頃だと思うのですが、お父さんが私のことを、「るんちゃんって、（「ちびまる子ちゃん」に出てくる）〝たまちゃん〟みたいだよね」と評したことがあったのです！

東京では、子守をしてくれた大人たちから悪ガキとして悪評高く、彼らの手を焼かせていた私なので、「た、たまちゃん!?　あの物静かで優しい地味な優等生??」と、ギョッとしましたが、その頃から私もメガネをかけるようになったし、自分をよく知る幼馴染が一人もいない新しい土地で、肩身狭く、おとなしくせざるを得なくてションボリしていた時期なので、「うーん、全然ピンと来ないけど、あの悪辣で横着で人でなしの〝まる子〟じゃないならいいかな……」と、お父さんの私に対する見方を受け入れようとしました。が、しばらくして、「いや、あれほど私のフィーリングとかけ離れているキャラクターもいないだろう！」と気づきました。
多分、何かの話の流れで、お父さんは私のことを「優しいね」と言いたかったんだと思います。でも「たまちゃん」は、見当はずれだったと思います。そもそも、お父さんは「ちびまる子ちゃん」のアニメをそんなに真剣に観ていなかった気がします……。

私は卓爾《たくじ》おじいちゃん、昌子おばあちゃんのことは、わりと好きでしたが、でも正直、あの二人からお父さんのような子が生まれてきたのはいまでも不思議です。子どもの頃、「え？　これがお父さんのママ⁇　継母じゃなくて？」と、ちょっと驚きでした。
（※私が生まれてしばらくして、母が卓爾と折り合いが悪くなったため、6歳の頃に両親が離婚するまで父方の祖父母とほとんど会っていなかったのです。）

気難しくて物静かなおじいちゃん、ずっと一人でおしゃべりしていて賑やかであけっぴろげなおばあちゃん。お父さんは、あんまりどちらにも似ていないですよね。おじいちゃんたちが、お父さんにそんなに構わなかったことを、お父さんは「次男なんてそんなものだよ」といつも軽く流しますが、こう言っては可愛くない孫で申し訳ないけれど、自分より出来の良い子どもを持った親の気持ちというのは、そんな単純なものではないのでは？　と私は思います。「トンビが鷹を生む」というのは、本当はトンビにとってはそんなに手放しで喜べるものではないのかも知れません。自分よりも優れた人間が次世代に出てくるということは。

おじいちゃんもおばあちゃんも、そこまでの情熱を持って息子たちをエリートにしたかったわけではない気がします。「うちの子は頭のできが良いみたいだから、どうせならお勉強を頑張って東大に行ってもらおう」くらいの、軽い気持ちだったんじゃないでしょうか。だって、京大受験のとき、宿代が勿体《もったい》ないからって当日の朝に東京から汽車で受験に行かせたんでしょう？　それで、雪で列車が止まって受験に間に合わなかったなんて、世間の「教育ママ」が聞いたら卒倒モノでしょう……。しかも、その年に東大受験がなかったから京大を受けさせてくれたわけで、もし東大が受験できたら「汽車賃が惜しい」し「受かっても下宿代がかかる」と、京大はきっと受けさせてもらえなかったんじゃないでしょうか？

保護者である親がしっかりフォローに回れないようでは、子ども本人にいくら才覚があっても、芽吹きようがないと思います。普通ならば。本当に、よくこんな環境でお父さんが東大に進学できたなと思いますが、それでもおじいちゃんたちは、合格の報《しら》せにきっと喜んだことでしょう。

「自分と同じ不幸や過ちは回避させたい」「自分の人生を模倣して肯定して欲しい」という、相反する親の心理は、子どもを混乱させてしまうのだと思います。「自分と同じようになって欲しい」と思えるような生き方を、親がしているって素晴らしいことだと思います。「自分みたいになるな」と言われるのは、子にとっては悲しいことじゃないでしょうか。子どもはいつだって、親が望むように生きたいし、親と同じようでありたいと、根源的な部分では感じているものではないでしょうか。

私は、両親ともいわゆる「良い学校」を出ているけれど、二人とも私をそういう「良い学校」には入学させようとしなかったことについて、感謝しています。私は運良く非常にリベラルで質の高い公立小学校、中学校、県立高校に進み、素直で快活な同級生に囲まれて過ごせました。私自身が幼少時から屈折していた分、人生観を矯正する意味でも、私の人生の土台となる時間を、あのような開放的で自由な学校で過ごせたことは僥倖《ぎょうこう》だと思います。なぜ、お父さんたちが私を「良い学校」に入れなかったのか、理由は定かではないですが、私を「良い学校」に入れないと決めたことは、二人の高校生活の経験あっての結論なのだと思います。

『感情教育』、読んだことがないので、今度読んでみますね。人間は、過去の物語からしか人間性が形成されない、自覚できる「人間性／キャラクター」はそういったものの寄せ集めに過ぎないのではないかなと、こないだ初めてシェイクスピアの『ハムレット』を読んで思いました。こんなに人間の悲劇性をキャッチーに世界中に広めてしまったのなら、私たちは無意識にシェイクスピア的な愚かさからは脱却しようがないのではないか。だから世界はこんなに悲劇的なんじゃないかしら……と。

「愚かさ」って、指摘されたら直せる、というわけでもなくて、「こうした方がもっと楽しくなれるよ」と、別のモデルを見せられるのが正解なのかも知れないですね。でも、人徳者ばっかり出てくる美しい物語を読んでる人が人格者かと考えると、そんな単純にはいかなそうですが……。

こないだ、知り合いの女性が「朝ドラとかに若い女をイビる年増女が出てきたら、すぐ視聴を止める。あんなのを見せられるから、みんな本当に歳をとったときに若い女をいじめるようになってしまうんだ」と言ってました。そうなんですよね。年寄りが若者を虐める自然な理由なんて、本当は無いのに、「そういうものだ」って刷り込まれてしまうから、なんだかそうしなきゃいけないのかな？　って思ってしまう。「お局《つぼね》が若い女を妬む」のも、「おっさんが女性社員にセクハラ」をするのも、「権力者が横暴になって私腹を肥やす」のも、そういうものだと刷り込まれ、むしろ「そうあるべき」と、セオリーに従順になってるだけなのではないか、なんて最近は思ってしまいます。人間って、私たちってけっこう、「設定」に従順なんじゃないでしょうか？

『若草物語』も、じつは読んだことないです。それと言うのも、お父さんがあまりに『若草物語』を好きなのを昔から知っているので、なんだか素直に手に取れないというか……。読んでしまうと、お父さんのことをわからなくなったり、逆に知り過ぎてしまうような気がして、その領域にはまだ踏み込めないのです。でも、これを機に読んでみますね。

お父さんのような「共感性が低いキャラクター」というのも、近年は「天然」だの「KY」だのといった「変人」枠で、色々な物語の中で魅力的なキャラクターに落とし込まれていると思うのですが、サイコパス気質や自閉症スペクトラムの人が「例外」ではなく、LGBTや左利きやAB型の人と同じくらい「たくさんいる少数派」だと可視化されてきたこととも関係がありそうですね。前にサイコパスについて、大学の公開講座を放送する番組で観ましたが、その学者さんによると「サイコパス」気質の人というのは10％くらいの割合でいるのだそうです。有名なキャラクターで言うと、シャーロック・ホームズや「007」のジェームズ・ボンドなどが、典型的なサイコパスだそう。

そもそも、「人の気持ちがわかる人」が多数派で一般的かと言ったら、絶対にそんなことはない、と私は思います。お父さんの言う通り、リアクションのパターンを学習してるかどうか、つまり「人の顔色をうかがう」そぶりができるかできないかの問題だと思います。私は時々、相手が隠したいと思っている感情が見えるように感じます。それを口に出したら、相手はとてもつらそうにします。そういう意味では「人の気持ちがわかる」けれど、私のそういう態度を、世間の人々が「人の気持ちがわかる」と評するわけではないのだなと。結局、「どうして欲しい」かは、本人も知らない場合が多いので、相手の本音を感覚的に見抜くだけじゃ何にもならないです。

もし「正解のリアクション」を摑み取れたとしても、それが、本当の本当に、その人の心からの望みであったかは、確かめようがないじゃないですか。「そうしてもらいたかった」と相手が答えやすい対応さえしていれば、相手の気持ちを汲んであげたことになる……ということに過ぎないのじゃないでしょうか。

人の気持ちがわかるだけだと、「わかった気になるな」と怒りを買うだけです。こっちだって別に、わかりたくなんかないのに……。自分がどうして欲しいのか、自分でも把握できず、言葉にできない苦しみは理解できるけれど、だからといって「相手がそれを汲んであげなくちゃいけない義務」なんてないのだから、自分の感情は自分でコントロールする責任を持たねばならないのに、どうしても他人任せになってしまう。そして他人のリアクションで、「この苦しみはありふれたものだから大したことじゃないみたい」「私はそんな傷ついていないはず。だって誰も同情的じゃないし」と、自分の感情を裁いてしまう。私はそれはとても傲慢だなと思います。

私の感情は私のもので、究極的には私がすべての責任を負わねばならないことだけど、自分の感情が「どういう風に動いているか」の判断は、他人にも決める権利があるのだと思います。たとえば、「なに怒ってんの」「怒ってないよ」というやりとりはよく耳にしますが、「あなたが怒っているように見える」という意見がある限り、「あなたは怒っている」のだと思います。その判断が絶対に間違っていて受け入れがたいなら、その人とは距離を取らねばならない。身近にいる人間が自分の感情を「判断」するのは、相手を信頼している限りは否定できないものです。逆に言えば、信頼していない人間の「判断」は疑わなければならないと思います。

そういえば、お父さんからの最初の返信に、自分自身の欠点について、態度がでかい、ものごとを舐めてかかる、粗雑、自分勝手、無反省……そういう僕の個人的欠点が必ず失敗というかたちをとって外形化されます。「なるほど、これがオレの欠点なのか」ということがしみじみ身にしみます。

と、お父さんは自分で書き連ねていましたが、私の中のお父さんのイメージとはまるで違うので、これも面白いですね。「態度がでかい」というのは常に他者に対して訝《いぶか》しんでいる気持ちが素直に出てしまっているだけだし、「ものごとを舐めてかかる」というよりは、「どうせ真摯に対応したところで納得できるものは得られない」と諦めがちなだけに見えますし、「粗雑」は、感覚を研ぎ澄ましてしまうと入ってくる情報が多すぎて無意識に色々シャットダウンしてるっぽい、むしろ「病的に繊細」の裏返し。「自分勝手」は、「こうしたら皆にとって良い結果を生む」と、自分だけに見えてるビジョンに突き動かされてしまってるだけで、「無反省」も、厳密な反省点をすべてピックアップしていたら身動きが取れなくなるから、仕方なく細かい部分は切り捨てる習慣がついている、というかんじに見えます。

お父さんは、人間が他人からどう見えるのか、小説を通して理解したとありましたが、自分自身から見ても、自分が「愛くるしい人間」であるということについては、あまり真っ直ぐに受け入れてないのではないでしょうか?

私としては、お父さんといえども、お父さんの悪口は受け入れがたいので、お父さんはもっとお父さんに気を遣ってあげて欲しいです。私のお父さんは粗雑じゃないし、無反省でもないし、マイペースではあるけど自分勝手ではないし、どちらかと言えばナイーブでロマンチストでお茶目でサービス精神旺盛で、ちょっとミーハーだけど、慎ましい性格の人ですよ！

と、言ってもお父さんは「ええ〜？」って八の字眉で首を傾《かし》げてそう。これも、娘の目から見た「身内の虚像」かも知れませんが、そういう虚像を私が持っているということを知っていてもらえれば……。

内田るん → 内田　樹

6　神戸での父子家庭、「非人情」な父親だった

るんちゃん

お手紙ありがとうございます。

いや、手紙って書いてみるもんですね。家族と言いながら、同じ出来事を経験していながら、それについての記憶がずいぶんと違うものです。

「たまちゃん」の件は僕も記憶しています。

るんちゃんが眼鏡かけるようになって、外見が「たまちゃん」に似てきたので、ぽろっとそう言ったら、るんちゃんが憤然として「似てないよ！」と言ったので、ちょっとびっくりしたことを覚えています。

「ちびまる子ちゃん」のたまちゃんは優しい、いい子なので、そう言われたるんちゃんがひどく不満顔になったのは僕には意外でした。

たしかに転校したばかりで、友だちもいないし、はしゃぎまわることができるような環境ではなかったので、るんちゃんが口数が少なくて、おとなしくしていたのはやむなくそういうキャラを演じざるを得なかったので、るんちゃん自身はけっこうそれは不本意な役回りだったんですね。

でも、るんちゃんは「優しい」というのは、僕の中では厳然として揺るがない確信なんです。それをうまく伝えられたことがなかったかも知れません。

それを少し書いておきますね。

二人で暮らし始めた頃は、僕はとても緊張していたし、精神的にも参っていたので、いろいろ不用意なことを言ったし、したと思います。でも、それについてるんちゃんから責めるような言葉を聞いたことがありません。

小学校の入学式の直前に離婚したので、るんちゃんの小学校1年生のときの入学の支度はほとんどできていませんでした。だから、ずいぶんいろいろ手落ちがあったと思います。中でも忘れられないのは、運動会の予行演習のときに体操着を持たせるのを忘れたことです。途中で担任の先生から連絡があったのか、とにかくあわてて学校に行ったら、全校生徒が体操着を着ている中に、るんちゃんが一人だけ花柄のスカートを砂だらけにして座っていて、ものすごく悲しそうな顔をしていたのを覚えています。あのときは、ほんとうにすまないことをしたと思いました。

あのスカートは別にるんちゃんのお気に入りというわけではなくて、僕がただ離婚したあとに気分が乱れて、るんちゃんにめちゃくちゃラブリーな服を買い与えたくなって、無理に着せていたのです。そのときの運動場でのるんちゃんの異常な「場違い感」を見て、自分勝手にるんちゃんの気持ちも聞かずに服を選んだりしたせいだと思いました。

でも、そのときもるんちゃんは僕を責めるようなことは一言も言わなかったでしょ。ありがたいと思いました。

そういう「ひどいこと」をいろいろしていたし、1995年の阪神の震災のときも、3週間も寒い体育館で避難生活をしたわけですから、ずいぶん苦労したと思うけれど、そんなときも愚痴を言うことも、つらいと泣き言を言うこともなく、給水車から水を運んでくれたり、一生懸命手伝ってくれたでしょ。そういうきびしい状況のときも、僕の気が回らないで、るんちゃんを傷つけるようなことをしたときにも、るんちゃんが怒りや悲しみの言葉を僕にぶつけることを自制してくれたことを、僕はとてもとても感謝しているんです。

だから、るんちゃんのことを「例外的に優しい子」というふうに思っていたのです。

でも、そうじゃないですよね。るんちゃんが「たまちゃん」で声を荒立てたのは、「私は性格的に優しいんじゃなくて、演技でも優しいようにふるまう他ないんだよ、それくらい気づいてよ」ということだったんですね。タフな状況なんだから、父親の負担にならないように、優しい子のようにふるまうことは厭《いと》わないけれど、それを「生まれつき優しい子だから」というふうに性格で説明するのは止めて欲しい。そういうるんちゃんの気持ちを察せなかったのが「たまちゃん」発言だったんだと思います。

ごめんなさい。

30年も経ってから謝っても遅いけれど、それでも。ごめんね。

でもね、るんちゃんてやっぱりすごく優しいところがあると思います。

小学校の頃、るんちゃんが学校で飼育係をしていたときに、飼っていたハムスターの赤ちゃんの具合が悪くなって、弱っていたのを学校に置いてゆけないからと家に持ち帰ったことを覚えていますか。紙箱のなかにぼろきれを敷き詰めて、そこにハムスターを寝かせて、夜通し、ずっと見守っていて、朝方にハムスターが死んじゃったときに、ぼろぼろ涙をこぼしていたのを見て、僕もつられて泣きそうになりました。

それから山手山荘のお隣に、るんちゃんがよく遊びに行っていたおばあさんがいたでしょ。

あのおばあさんは一人暮らしだったのかな。とにかく、どんな話をしに行っていたのか、よく訪ねていたよね。

だから、たまにそのおばあさんに道端で会うと、必ず「るんちゃんはどうしてますか?」って訊いてくれました。「ときどき訪ねてきてくれて、ほんとうにありがたく思っています。いいお子さんですね」って。

あのおばあさんもどうしたんでしょう。震災の少しあとにいなくなってしまったような気がします。家が壊れて住めなくなっていたのかな。引っ越しされるときにうちに訪ねて来て、「るんちゃんによろしく」と伝言をお願いされたような記憶があります。その辺はぼんやりしてます。震災のあとの半年くらいのことって、よく覚えてないんです。

ともあれ、そういう弱いものや非力な人に対して、るんちゃんは「惻隠《そくいん》の情」というか、素直な共感の気持ちってあったように思います。誰かをいじめているところとか見たことないし(まあ、僕がそういう場面を見るということはあり得ないけど)。うちでるんちゃんが誰かの悪口を言うのも聞いた覚えがありません。高校生くらいになってからは、たまに友だちについて辛辣なコメントをすることがあったけれど……。どうなんだろう、この辺も僕は記憶を「美化」していて、実はけっこう言ってたのかな。

記憶はあいまいですよね。

そうそう、それから訂正しておかないといけないけれど、1969年の京大入試のときに、たしかにうちの親はホテルを取ってくれなかったけれど、京都には当日じゃなくて2日前に行っていたんです。るんちゃんも知ってる従兄《いとこ》のつぐちゃんが歯科大の学生で、京阪電車の沿線の枚方《ひらかた》のあたりに下宿していて、その部屋に泊めてもらっていたんです。

京大全共闘が「入試粉砕」闘争をしていたので、学内での入試が不可能になっていて、京大当局が、どういうかたちで入試を実施するか、場合によっては入試中止になるかを前日構内で発表するということになっていました。だから、受験生はみんな前日に、京大までそれを調べに行ったんです。僕も日比谷高校のときの友人たちと一緒に雪の降りしきる京大まで状況を見に行きました。

偶然ですけれど、この間、明治学院大学で高橋源一郎さんと対談することがあって（源ちゃんが2019年3月で定年を迎えたので、その最終講義シリーズの連続対談のゲストに呼ばれたんです）、そのときに二人とも69年に京大受験して、二人とも落ちたんだよねという話が出ました。そして、入試の前の日に雪の中、京大構内に行ったでしょ、という話になって、あのとき京大全共闘の人たちが火炎瓶を投げていて、それが雪の降りしきる時計台の前をオレンジ色の弧を描いて飛んで行くのが、すごくシュールな光景だった……という思い出話をしたら、源ちゃんが「僕はあのとき火炎瓶を投げる側にいたの」という驚くべき話をしてくれました。受験生が「入試粉砕」ってないよね。いや、あるか。

ともあれ、前日から雪が降り出して、ものすごく冷え込んで、入試当日に京阪の駅に行ったら、ポイント凍結で電車が止まってしまっていました。駅でずっと待っていて、電車が1時間半くらい遅れて、京都駅に着くことは着いたけどバスのダイヤも雪で乱れていて、結局入試会場の京都予備校に着いたのは、試験開始に2時間以上の遅れだったんです。途中で、「もう行っても仕方がないや」と思ったんですけれど、とりあえず行って見たら、大雪のせいで遅刻者続出したので、開始時間を1時間遅くしたので、まだ少しだけ時間がありました。でも、予備の教室がないので、暖房も何もない冷え切った廊下に机を並べて、僕ともう一人、やっぱりめちゃくちゃ遅刻した受験生と二人で、かじかんだ手に鉛筆を握って、ぶるぶる震えながら英語の試験を受けました。だからひどい成績だったんです。

というわけで、すべては雪のせいであります。

でも、うちの親たちが太っ腹で京都市内のホテルを取ってくれていたら、雪の中を歩いてでも試験会場にたどり着けたから、もしかしたら、69年に京大に受かっていたかも知れません。

でもね、受かればよかったというものじゃないんですよ。京大に入ったら、当然そのまま学生運動ということになるでしょ。69年の京大って、レーニン研とか赤軍派とかR《エル》G《ゲー》とかそういうめっちゃ剣呑《けんのん》な政治党派が跋扈《ばっこ》していたキャンパスですからね。僕みたいなハイテンションな子どもがそういうところに入ったら、たちまち噴き上がって、あれよあれよという間にとんでもないことになっていた可能性は大です。

それを考えると、69年に京大に受からなくてよかったのかも知れないと思います。

もし僕と源ちゃんが69年に京大キャンパスで出会っていたら……と想像するだに慄然とします。「より命が縮みそうな選択肢」を意地張って先取りするチキンレースみたいなことになったら大変なことでした。だから、落ちてよかったんです、あの年は。

もう一つ前便でるんちゃんが触れていた「人の気持ちがわかる」ということについて、

最後にちょっとだけ書いておきます。

僕は人の気持ちがよくわからないというよりは、たぶん共感して「ああ、わかるわかる」となる範囲が狭いのだと思います。

人の物理的な痛みはわかります。

怪我をしたり、病気をしたりしてつらいという感じはよくわかります。それから寒いとか、ひもじいとか、お金がないとか、そういうときの心細さはわかります。「お呼びでない場所」に紛れ込んでしまって、いたたまれないときの気持ちもわかります。どれも経験があるから。

具体的で、身体的な痛みや不快については他人の気持ちがわかるんです。できることなら、何とかしてあげたいと思う。

でも、人の「心の痛み」にはうまく共感できない。

人に理解されない孤独感とか、承認されない不全感とか、自分の思いをうまく表現できない苛立ちとか……わかると言えばわかるんです。理屈では。でも、それがどれくらい「つらい」ものなのか、リアルな体感としてわからない。

だから、僕は「困っている人に親切にする」という点では決して人後に落ちないと思うんですけれど、「心に傷を負っている人」にはどういうふうに接したら「親切にする」ことになるのか、よくわからないのです。

そのせいで、たぶんずいぶん多くの人をそれと知らずに傷つけているんじゃないかなと思います。僕からの「親切」を当てにしていたのに、僕がぜんぜん無反応だったので、傷ついたというような人はきっとたくさんいると思います。

でも、それは「不人情」なんじゃないんです。「非人情」なんです。

よく使う喩えで言うと、「困っている人に「お金貸して」と言われて「いやだね」と断るのは不人情。「いいよ」と即答しておきながら、貸すのを忘れてしまうのが非人情」。

僕は「非人情の人」みたいです。

るんちゃんも僕の非人情のせいで、傷ついたことがいろいろあると思います。ごめんね。

7 お父さんは、死にかけのウサギの赤ちゃんのように弱っていた

内田るん ⇐ 内田 樹

お父さんへ

昔のこと、ちゃんと謝ってくれて、ありがとうございます。
じつは、「いつ謝ってくれるのかな……」とずっと思っていました。

お父さんたちが離婚したあと、すごく落ち込んでいるお父さんに、自分のことをもっと気にかけて欲しいと思っても、どこまで要求していいのかわからず、育児の至らない部分を怒ったり責めたりする気にはなりませんでした。それこそ、あの頃のお父さんは、死にかけの（ハムスターではなく）ウサギの赤ちゃんのように弱っていたので……。

小学校1年生の記憶はほとんどありません。その運動会の予行演習のことも全然覚え

ていません。ある男子が私のことを「運動神経ゼロ」と、やたら長いアダ名で呼んでいたことだけ覚えています。あの頃、私は混乱していて、体育の時間にまっすぐ走ろうとしても、足がもつれてマトモに走れなくて、周りに「ふざけているのか？」と思われるほどでした。

というのも、それまで私が保育園でうまくやれるよう、いつも目を配ってくれていた母がいなくなったことで、自分を取り巻く環境がガラっと変わってしまったことと、その変化に独力で対応できない自分への失望と無力感が大きかったからです。

正直、私は当時もう6歳で、十分「おねえさん」になった気でいたので、「ママがいなくても、私とお父さんだけでも、なんとかなるわ！」と本気で思っていたのです。お風呂に入れるのも、髪を洗って乾かすのも、お天気に合わせて私の服を選ぶのも、遊びに行った先の友達の家に電話を入れてくれたりと、社交のフォローをするのも、すべて母がやってくれていたのだと、それまで気づかなくて……。

私は自分の驕《おご》りが恥ずかしくて、それもあってお父さんに、ああして欲しい、こうして欲しい、なんでやってくれないの、などと不満を言う気にはなれなかったのです。だって、「自分のことは自分でできる」って思ったから、二人が離婚することを受け入れたんだし、と。
いまさら、「こんなに色々と困るんだったら、ママに出ていかないでもらえば良かった」と言うのも、あまりに身勝手かつカッコ悪いので、私は頑として、お父さんとの心許ない二人暮らしに、身を任せると決めていたんです。
だから、私は「優しい」というより、ただ、すごいカッコつけなのです。

それでも、高校生のときに一度、癇癪《かんしゃく》を起こしてお父さんを何かで責めたことがありました。あの頃、私は毎日イライラして、部屋に籠もって朝まで起きて、ほとんど寝ないでそのまま学校に行っていたような時期でした。お父さんはお父さんで、授業に合気道に教授会に家事もやって、すでにその頃には目が回るような生活だったので、一緒に暮らしていても嚙み合わず、私は長年の不満が思春期や反抗期の鬱憤とともにマグマのように噴き出し、身近な人に対して持つべき礼儀などすべて放棄して、ただただ怒りと自己嫌悪に身悶《みもだ》えて泣き叫んでいました。

正直、7歳くらいの頃は、「お父さんも元気になれば、きっともうちょっと私のことを構ってくれるはず」と甘く見積もっていたんですが、現実は厳しく、お父さんは離婚のショックから立ち直る間も無く、次から次へと鬱病や不眠症や通風を患い、なんだかんだで6～7年間くらいは「全体的にボロボロ」だったし、その状態の中で必死に毎日、私のご飯を作ってくれるのを見て、これ以上何かしてくれとは言えませんでした。というか、むしろ慣れぬ育児と、慣れない土地での仕事や新しい人間関係に疲弊して病気になってるのだろうと子ども心にも察し、自分が負担をかけているのだと思うと、だんだん後ろ暗い気持ちになって、お父さんの顔が真っ直ぐ見られなくなっていきました。

だって私がカッコつけずに、小学校1年生の段階で「うわーん！　やっぱりママじゃなきゃ嫌だよー！　お父さんと暮らすのはもうしんどいよー！」と〝泣きを入れて〟いれば、その瞬間はお父さんもすごく傷つくかもしれないけれど、肩の荷は下りただろうな、と。

カッコつけを無理に通して、弱音を吐くタイミングも逃し、お父さんを傷つけまい、というより「悪い子」「手のかかる子」になりたくなくて、言うべきことを黙っていたせいで、結果的にお父さんは私に負い目を感じながら、ずっと私の面倒をみながら暮らす羽目になり、私の「自分が我慢すれば丸く収まる」と信じていた見通しが、まったく見当はずれだったことが情けないやら虚しいやらで、10年も経つともう、父娘の関係はだいぶ居心地が悪いものになってしまっていました。少なくとも私にとっては。

もちろんすべて、「たられば」なのですが、私の中では、両親のフォローに回れず離婚に至らせてしまったことすら、私の「かすがい」役の足りなさ、言ってみれば「管理不行き届き」という意識もあり、その上あんなにもお父さんに苦労をかけてしまったことで、すっかり自信を失ってしまいました。

私がもっと自分の身の回りの世話や、自分の感情の整理や、一緒に生活する身近な人への気の遣い方ができていれば、お父さんともっと朗らかに暮らせていただろうという、……こうして書いてみると、なんとも傲岸不遜《ごうがんふそん》で、おこがましい高望みではあるけれど、そんな後悔を未だに抱えてしまっているのです。

私はまるで生まれたばかりの子どものような、「なんでも、やればできる」という感覚がずっとあります。実際は、逆上がりも二重跳びもできないし、私の植えた朝顔だけ芽が出ないし、焼いたスポンジケーキは膨らまないし、編んだマフラーは変な形になって、中高時代の数学なんて見るも無残な成績だったけれども、「世界中のすべてのものごとが良い方向に流れるように、強く祈ればできるはず」というような、よくわからない確信が、いまもまだ、あります。それこそいまの世の中を見渡せば、私の祈りが、いかに無力か、よくわかってしまうのですが……。でもそれも、私がどこかでカッコつけて無理をしているせいなんじゃないか、という空想によく取り憑かれます。

「私が見ているこの世界は、きっと私自身の投影なのだ」、という。

そんな中で、「死」は、まったく私の空想の範疇に収まってくれないものです。小学校のウサギ小屋には産室がなかったので、産まれた仔ウサギは、すぐに親ウサギから棄てられてしまいます。よく小屋の中に、見捨てられた赤ちゃんウサギの死体がありました。生きているうちに児童の手によって救出されたウサギも、ミルクを飲めず死んでいったり、たとえ大きくなっても、人間に育てられたウサギはもうほかのウサギたちとは暮らせませんので、狭い小屋の中で村八分にあい、いたぶられ、餌も食べられず、傷だらけになって衰弱死してしまったりしました。私たちは、せっせと裏庭にお墓を作り続けました。小学校の裏庭は、どこを掘っても動物のお墓でした。

私が家に連れ帰った、本当に産まれたてで、毛もなく目も開いていない、死にかけの仔ウサギは、動物用の粉ミルクをあげるとチュッチュと飲みました。私は、きっと生き延びると思いましたが、すぐ次の日には弱って死んでしまいました。目の前で「生き物」が「死体」に変化する事実に、私は何をやっても対抗できない、ということが恐ろしくて、悲しくて、そして偉大な掟を前に屈服するしかないその状況が、自分で自分の人生をコントロールできるつもりでいたからこそ苦しくて仕方なかった当時の自分にとっては、何か赦《ゆる》しを与えられたような安堵もあったのだと思います。「私は無力だから、何もかもを背負う必要はないんだ」と、仔ウサギに教えてもらえたような。

当時は、小学校側のウサギ小屋の管理の粗雑さに、ウサギ当番の4年生たちは怒りを感じることもあったんですが、生命の残酷さを教えるために、あえて放置してあったのかも知れません。「正しい方法」に則り、産室を用意し、オスウサギを去勢したり、全体の頭数を規制したり、増え過ぎた仔ウサギを、児童たちのあずかり知らぬところで処分したりして、「平和なウサギ小屋」を保つ……。それもまたとっても怖いことかも知れません。

私たちの暮らすマンション「山手山荘」の敷地のすぐ隣に住んでいた「香山のおばあちゃん」は、とても優しくて嫋《たお》やかで、理想のおばあちゃんでした。最初は、おばあちゃんの家の庭にイチジクが生《な》っていたので、それ欲しさに訪ねていったのです。私は愛読書である『サザエさん』の影響で、よその家の庭の実は、こっそり盗ったりしなくても、直接頼めば貰えると信じていたので、よく、そういう大胆な行動を近隣で行っていました。

香山のおばあちゃんの家は小さな木造の日本家屋で、お庭には、おじいちゃんが色々な植物を植えていました。阪神・淡路大震災のときに、潰れてしまったかも、と慌てて見に行ったら、平屋建てなのが幸いして、柱や屋根が多少歪んではいたけど潰れたりはせず、その後もそのまま暮らしていました。おじいちゃんが亡くなって、おばあちゃんは一人暮らしになって、でも前と変わらず穏やかに庭いじりをしたりしていました。引っ越しで「山手山荘」を去るまでずっと、時々お邪魔しては庭先でお喋りしたり、イチジクを貰ったりしていました。おばあちゃんは「るんちゃんが食べるなら」と、それまで鳥たちに食べさせていたイチジクの実のいくつかを、青いうちに紙に包んで熟させてくれていました。そして、小学校や中学校を卒業するたびに「卒業祝い」として商品券を1万円分ずつ贈ってくれました。とても気軽には使えないので、まだ取ってあります。

20歳くらいのときにも、芦屋に行った際にご挨拶をしに行ったと思います。いつもの軒先や縁側ではなく、そのときは家の奥の方の部屋に通してもらいました。いま思えば、よその子どもを家の中まで上げてしまうのはトラブルの元だし、そういう状況に慣れてしまった子どもの危機意識が低くなることを危惧して、それまでは部屋に通さないように配慮してくれていたのかも知れません。

斜めになった床の上にアップライトピアノがあって、「ピアノがあったなんて知らなかった！」と言ったら、何十年も調律してないからほったらかしなのよ、と。昭和中期で時が止まったような奥の部屋には、亡くなったおじいちゃんの遺影がありました。そのとき初めて知りましたが、香山のおじいちゃんは牧師さんだったのです。私は、おばあちゃんたちが、まるで子ども向けの物語に出てくる優しいお年寄りのように、特別に穏やかで清らかである理由が、ようやくわかって腑に落ちました。10代半ば以降、少しは世の中のことがわかるようになると、自分の祖父母たちがいくら歳を重ねても、浮世の澱《よど》みに浸《つ》かって四苦八苦している様子やら、ほかの年配の大人たちの、なかなか業《ごう》を捨てきれない姿を見ていて、「なぜ、香山のおばあちゃんだけが、こんなに善良で美しいのか？」と、不思議を通り越して、少し不審に思うほどだったので。

両親の離婚を機に知った、自分の浅はかな見通しと傲慢さ、そして、言うことがコロコロ変わる大人たちの不誠実さ……。私は、お父さんたちが離婚したあと、二人の共通の友人知人の大人たちが、父にも母にも、その場限りで相手に合わせた態度を取るのを傍《そば》で見ていて呆れました。そりゃ、いまになれば、目の前の相手を慰めるのは当然のことなのですが、子ども心には「どいつもこいつも二枚舌だ！」と幻滅しました。6歳までの私が信じていた世界は全部、泡みたいに脆いものだったのです。

だからなのか、私は死にゆく仔ウサギにも、香山のおばあちゃん夫妻にも、彼らの持つ「聖性」というか、背後に在る真理のようなものを感じていました。彼らは、この嘘だらけで弱肉強食な世の中で、決して「非力な存在」などではなく、私にとってはどこか畏怖するような、揺るがない強さを持った「本当のこと」とでも言うのか……そういったものが背後に見え隠れするからこそ、彼らと関わりたいという気持ちになったのだと思います。

香山のおばあちゃんとは、その後もずっと年賀状だけやりとりしていましたが、数年前からお返事が来なくなったので、おそらく鬼籍に入られたのだと思います。

「人の気持ちがわかる」「他人の心の痛みがわかる」……そういったことは、突き詰めると、共感能力の有無ではないと思います。同じような事象を体験しても、痛みの度合いは人それぞれだし、「わかるよ」なんて気軽に言えないときもあります。一緒に泣いてもらったりして、「わかってもらえた」という気持ちになって、傷が癒やされることも実際あるし、人間が支え合うために大事な方法だと思いますが、いつもその美しい「錯覚」が得られるとは限らない。勝手に見当違いな同情で可哀想がられると、白けてしまう。でも誠実さに重点を置いて、「わからない」って言ってしまうと、突き放されたように感じてしまうときもある……。「わかる気がする。でもきっと、あなたの気持ちはあなただけのものだから、本当には理解してあげることは誰にもできない」と言葉を重ねても、空虚に響いてしまったり。

一体いつ、どういう要因で、私たちは「気持ちを通わせた」のだと感じることができるのでしょう。そのとき、相手も同じように、温かい錯覚を感じているのか、それも確かめようがない。でも、そういう現象が起きていたとしか思えない状況は、実際に時々ありますよね。

魂や精神の相互干渉にも、原理は確実にあり、私たちはその原理に従って生きているはずなのに、観測しようとすると、「観測」というアプローチによって正しい観測結果が得られない……そんな感じがしています。

人間はみんな、「ほんとのところは誰にもわからない／決められない」って共通認識があれば良いのだと思います。それがあれば、お互いにもっと優しくなれる気がします。特に肉親ほど、そうだと思います。私はお父さんが何を感じ、何を想い、どんな痛みを抱えているか。お父さんの本を読んだり、お話を聞いたり、こうやって手紙をやりとりして、いくらかの「データ」を集め、それらを用いて「想像」し、「考察」し、勝手に結論を出して「確信」を持つことはできても、「ほんとのトコロ」は絶対にわかり得ない……。そんなの、本人にもわからないし、誰にもわからない。時間が経ったり、考え方が変われば、捉え方も変わってしまうわけだし。そう考えると、科学の世界も、宗教の世界も、人の心も、結局はどこにも「正解」なんて無い。

それなのに、「暫定的結論」では満足せず、「絶対的真理」をあらゆる場面に求めてしまうのは、人間の浅はかさ、なのでしょうか。

8 「パブリックドメイン」はおすすめ

内田るん ➡ 内田 樹

るんちゃんへ

あけましておめでとうございます。2019年もよろしくお願いします。前便もらってからずいぶん間が空いてしまって、すみません。でも、途中お正月に「隣町珈琲」での新年会で会ったので、あまり間が空いた気がしませんけど。

あの日は面白かったですね。

平川克美、小田嶋隆、名越康文、安田登といったにぎやかなおじさんたちに、三砂《みさご》ちづる、玉川奈々福、鶴澤寛也《かんや》、山村若静紀《わかしずき》というシックな和装女性を配し、そこに一点ハサン中田考《こう》先生が超然として座しているというまことに不思議な布陣でした。

この人たち、もとはといえばみんな僕の友だちなんですよ。でも、気がついたら、平川君の新年会のゲストにおさまっていて、「あ、いらしてたんですか」と僕の方がびっくりしている。
　おもしろいですね。

　僕と平川君は基本的に「それぞれたいせつなものはパブリックドメインに置いて共有する」ということをルールにしています。ずいぶんむかし、中学生くらいのときに、なんとなくそういうふうに決めたのです。たいせつなものは占有しない。

　読んだ本でも、経験した出来事でも、思いついたアイディアでも、知り合った人でも、基本的にたいせつなものは「パブリックドメイン」に置いて、共有する。

　平川君が読んで、僕にその内容を教えてくれた本は「まあ、読んだと言って過言でない（過言ですけどね）」ということにする。

　その代わりに僕が読んだ本で、彼が読んでいない本は、二人とも読んだことにする。

　経験したことも、考えたことも、だいたいそうです。

　彼が経験して、「しみじみ思ったんだけどね……」というふうに述懐する話は、まるで自分が経験したことのように心にしみる。だから、誰かと話しているときに、ふと「それはね……」と平川君が言った言葉を、僕がまるで自分の経験談でもあるかのように語り出す、というようなことが起きたりするわけです。

ふつう、言葉の重みや厚みを担保するのは、その人自身の経験の裏付けなのですけれど、僕たちの場合は、二人分の経験を裏付けに動員することができる。

便利でしょ。

前にリチャード・ホーフスタッターの『アメリカの反知性主義』という本を読んで、たいへんに感心して、平川君に「これ、面白いよ」と推薦したら、平川君に「それ、オレが内田に読めって薦めた本だよ」と言われたことがありました。

平川君が言ったことと自分が言ったことがどこかで混ざっちゃうんですね。

お互いにそういうことがしばしばあるわけです。


少し前の書簡から「共感性」について書いてきましたけれど、僕は共感性が低い人間であるにもかかわらず、あまり人づきあいで苦労していないのは、11歳のときから、平川君が友だちでいることが与《あずか》って大きいと思います。

それが僕が非人情なわりにはけっこう社交的な人間でいられる最大の理由じゃないかと思います。

だって、子どもの頃から、僕が何を言っても、たとえどんな変なことを言っても、

「ふ〜ん、そうなんだ。内田がそう言うのなら、そうかもね」と必ず言ってくれる友だちがいるんですから。

あるいは平川君も僕同様に「非人情の人」で、どんな話を聞いても、わりと上の空のまま「ふ〜ん、そうなんだ」と答えているかも知れません。

そうかも知れないですね。

つまり、変な話ですけれど、僕も平川君も実は相手にそれほど同意や共感を求めていないのかも知れません。

同意できる話、共感できる話なら受け入れるけれど、そうでない話は「わかんない」と言って拒絶する、というようなことをたぶん二人ともしていない。

なんだかオレにはよくわかんないけど、平川が言うんだったら／内田が言うんだったら、「そういうことって、あるかもしれない」ということに落ち着く。

というくらいのカジュアルな感じで、お互いの話を聞いているんじゃないかと思います。

でも、それは「聞き流している」のとはちょっと（だいぶ）違うんです。

そういう「オレにはよくわかんないけど話」はまとめて「パブリックドメイン行き」

という夕グをつけられて、共有の「記憶倉庫」に送り込まれるんです。

だって、「あ、そうだよね。オレもまったく同じことを思ったよ」という話は別にパブリックドメインに管理しておく必要がないから。二人とも理解していて、もう血肉化している知見は相手のために貯蔵しておく必要がない。「パブリックドメイン」には行きません。パブリックドメインに送られるのは、「相手がしたこと、言ったこと、思ったこと」のうちで、「オレはそれをしてないし、言ってないし、思ってないこと」です。

それは二人の共有のリソースとして「いつでも／いつか　お使いください」というかたちでアーカイブされる。

いつでも引き出して、検討できる状態にして保管してあるわけですから、いまここで同意したり、共感してみせる必要がない。いつかわかる日がくるだろう（来ないかも知れないけど）と思っていればいい。

そして、実際にパブリックドメインにアーカイブしたけど、「結局使わなかった」資財だって、山のようにあるわけです。

でも、「いまここで同意してみせたり、共感してみせたりしないと、友情が目減りする」というストレスがないというのは、ほんとうに楽です。

僕は小学生のときに、こういう友だちに出会えたことで、とても救われました。

たぶん、平川君も。

数年前に大学で授業をしたことがありました。そのときに短いレポートを書いてもらったんです。そしたら、何人かの女子学生が「わたし、コミュ障なんです」と書いてきました。

「コミュ障」って文字列を僕は初めてそのとき見たんですけれど、まあ、意味はわかりますよね。

どうしてそんなふうな否定的な自己評価を持つようになったんだろうと思って、レポートを読んだら、だいたいみんな同じことを書いていた。

それは「他の学生たち同士みたいに100%共感し合うことができない」ことなんです。

彼女たち「コミュ障」学生から見ると、まわりの学生たちはどうも100%の共感のうちでコミュニケーションしているように見えるらしいんです。だって、そういう仲良し学生たちの間では、中の一人が何か言うと、「そうそうそう」と全員がはげしく頷くし、きゃ～とか言ってジャンプしながら、ハイタッチしたりするから。

あんなこと、自分にはとてもできない→みんなはできている→私は異常だという論理なんですね。

いや、べつにあれは100%の共感が実際に達成されているわけじゃなくて、ああいう社交的な「演技」をしているだけで、お互いに内心ではけっこう「何言ってんだか。ふん、バカみたい」と思っていたりするんじゃないかなと僕は思うんですけれどね。

ただ、そういうタイプの「共感圧力」のようなものがいまの社会の空気としてあることは僕も感じます。でも、ほんとうは共感していないのに、共感しているふりをすることを強要される。

僕はテレビというものをほとんど観ないのですけれど、たまに雛壇《ひなだん》にタレントが並んだバラエティ番組を観ていると「その場の強者から強要される共感圧力にどういうふうに適切に応えるか」の技術（「はげしく同意してみせる」か「ボケをかます」の二択しかないみたいですけれど）の特訓をしているみたいに見えることがあります。

ああいう技術の習得を子どもの頃から強制されているとしたら、いまの子どもたちはほんとうに気の毒だと思います。

共感したり、同意したりすることって、そんなに「いいこと」なんでしょうか。

だいたい、つまんないことで、「そうそうそう」とはげしく同意し合ってみせる人たちが「内輪」の同質性を誇示するのは、自分たちの「外」は潜在的には敵だと思っているからでしょう。

同質性はたいていの場合、排他性の裏返しです。

そんなものをありがたがることないですよ。

「共感できないけれど、一緒にいて楽しい」とか、「同意できないけれど、人間は好き」とか「理解できないけれど、気になる」とか、そういう方が人間同士のかかわりとしてはずっと自然だと思うし、僕はそちらの方が居心地がいいです。

ではまた。

9　自分の姿を照らす「敵」

内田るん
⬅
内田　樹

お父さんへ

２０１９年ですね。「ＡＫＩＲＡ」と「ブレードランナー」の年になってしまいましたね。お父さんと一緒にプリントゴッコを使って１９９２年の年賀状を刷っていたのが、ついこないだのようなのに、未来は思ったより早くやってきてしまいました。

大晦日は、お母さんと久しぶりに「紅白」を観ました。サザンオールスターズとユーミンが出ていて、サザンは「勝手にシンドバッド」などを演奏していました。平成がもうじき終わるらしいですが、日本ごと終わってしまえと言いたくなるような、呆れ返るニュースが日々入ってきます。もうずっと、何年も、毎日毎日、頭がクラクラするようなニュースが耳に入ってきては、トコロテン式に忘れさせられてしまうけれど、新宿駅前で集団的自衛権の行使容認への抗議で焼身自殺を図った人のことをずっと忘れないでいたいと思います。

年を越す瞬間は、テレビ東京のクラシックコンサート番組でのカウントダウンを観ていたのですが、これがなかなか凄い企画で、毎年、0時ちょうどの年を越す瞬間に曲が終わるように演奏するのです。例年、日本人の指揮者の方はプレッシャーで顔面蒼白になりつつ指揮をして、見事、時間ピッタリに曲を終わらせていたのですが、2018年はイタリアかどこかの若い男性が指揮者として「全然緊張していないよ！」とニコニコの顔で登壇し、「余裕だな」と思っていたら、なんと15秒も早く曲が終わってしまい、ラストのフォルテッシモを強引に伸ばしたのです！　オーケストラもコーラス隊も大変だったろうなと思いますが、指揮者は司会者にあとからつっこまれても「計算通りさ！」と笑ってごまかしていて、思わず周りも笑っていたので、こういう所が日本人に足りないのかも、と思いました。

考えてみれば、0時ピッタリに曲が終わらなかったからって、誰かが困るわけでもないし、「許される失敗」ってたくさんあるはずなのに、日本人はいつのまにか異常なまでの完璧主義が「普通」になってしまったような気がします。その反動で、いまの政府のような「不正？　なんですかそれは？」という開き直りに対して、太刀打ちのしようがなくなってしまっているのではないでしょうか……。

新年会、てっきり平川克美さんや石川茂樹さん、お父さんの矢口中学校時代の悪友が集まってる会なのかと思って行ったら、偉い先生がお店いっぱいに居たのでビックリしてしまいました。しかも、私がカルチャーセンターのお教室でお世話になっている、山村流の地唄舞の若静紀先生までいらっしゃったときには慌てふためいてしまいました。

一昨年、通いやすい立地で、私に向いていそうな流派の日舞を習いたいな、と見学に行った先が若静紀先生のお教室で、「内田るんさんて、内田樹先生の娘さん？」と。先生がお父さんと知り合いだと聞かされたときは、「お父さん、顔が広いからな〜」と、そこまで気にしてなかったけれど……。

若静紀先生は本当に凄い方です。いまはまだカルチャーセンターで地唄舞の魅力を楽しく教わっているだけですが、いずれはお稽古場に通わせてもらえたらと思います。

踊りのお稽古をしていると、目の前で先生が踊ってくれた振りが、目で見て頭でわかっているはずなのに、誰もそのとおりには踊れないので、不思議です。このクラスでは、生徒は動画で自分の振りを録画して、おさらいのために見てもいいことになってるのですが、自分の動画を見るたびに目を閉じたくなります。先生の真似をすればいいだけなのに、まったく違う。どうしてもできない。振りが間違っているとか、間が悪いとか、そういうレベルのことだけでなく、先生の舞が言わんとしていることが、私を通すと伝えられない……。

「踊り／舞」は、まるで伝言ゲームのように、記録に残さず、身体と音だけで伝えてきた芸術だと想像するのですが、他人に「イメージ」を伝えること（つまり「表現」なのですが）、そして「伝えられたものを、また次の人に伝えること」の困難さに衝撃を受けます。人間は、基本的に、相手が伝えたいことを１００％理解することは無理なんだなと。１００％どころか、半分、３分の1、10分の1も伝わらない。「表現」ってなんなのだろう。「言葉」ってなんなのだろう……。

こんなのを目《ま》の当たりにすると、人間同士というのは誤解しあったまま、自分だけが見えてるものを信じて（それでも一緒に助け合って生きていき）、そのまま死んでいくのが普通なんでしょうね。

「コミュ障」という言葉は、他人に対する想像力の厳密さと欠如、両方が合わさった感覚から来る言葉だと思います。周りと自分が違うように感じても、「自分だけが真実を知っている！」という前向き（？）な受け取り方もできた、思春期から青年期までの剝《む》き出しの感受性が、同質性を重んじる現代だと、「自分は、ほかの人と同じように感じていないのではないか?」と思ったときに、そこに自分のアイデンティティを見出すのではなく、自分が「異物」だと受け取ってしまう。自分だけが孤立してるように感じてしまう。でも「ほかの人たちが等しく、自分にはわからない感覚を共有している」と確信を持つ根拠なんて無いのに。

たとえば、アテネ・フランセの授業で、先生の講義で聞き取れない部分があって、「ああ、ほかの生徒さんたちは理解できてるのに、私だけわからない……」と思い、休み時間にほかの生徒さんに「さっき先生はなんて説明していたか教えてもらってもいいですか?」と聞いたら、「じつは私もぜんぜんわからなかったの!」という返事が来る、ということが、しょっちゅうあります。なぜ私は「自分だけがわからない」なんて思ったんだろう……?

現代人は、「友達」や「家族」という存在を信用し過ぎているように私には思えます。というか、「信用しなくちゃいけない」と思っているよう。でも、敵は身内にあり、です。

「同質性を求めるのは排他性の裏返し」とお父さんは書いてましたが、そうですよね。

でも私は排他性は人間に必要な本能だと思います。信頼してはいけない、自分を苦しめたり傷つけようとしたり、利用しようとしてくる存在って、そこら中にいるからです。私たちは敵がたくさん紛れ込んだ渦中で日々自衛しながら、時には見誤り、欺かれながら、戦って生き抜いているのだと思います。

でもそれは、「悪の組織」や「陰謀」や「スパイ」なんていうわかりやすい「敵」ではなく、自分の普段関わっているコミュニティのメンバーなのだと思います。一緒に仕事したり、よく遊んだりする仲間の中にいたりする。

たとえ相手に対して深い愛情があっても、常に相手のためになる行動ができる保証はないですよね。「あなたのためを思って」と口では言っていても、相手の気持ちを考えているとは限らない。そもそも、その人にとって何が幸福なのか、他人には正確にわかるはずがない。踊りの振り一つすらその通りになぞられない私たちが、どうして他人の気持ちや望みを正確に想像できるでしょう。

つまり、何が言いたいかというと、「あなたの愛する人こそ、あなたの敵なのかもしれない」ということです。いまの自分を愛せず、いまの人生が苦しくてツライなら、それは自分の愛している人がそうさせているのかも、と。時々、父も母も死んで、この世からいなくなってからが、私の本当の人生なのではないか、と思ったりします。一緒に過ごす人、愛する人、愛されたいと思う相手がいると、自分という人間の可能性や行動範囲は自然と限定されていく。他人と付き合って生きていく限り、「相手」ありきで人生は紡がれるから、私は私の人生の可能性を探って、いつも「次の相手」を探してしまいます。常に、新しく誰かを愛したい、私の考え方や行動を変えてくれる存在、私を縛り、限定してくれて、未定の未来から「道」を浮かび上がらせてくれる存在を。

だから、「敵」というのは、悪い意味ばかりではない。自分の姿を見つめ直すための存在だとも思います。私は時々、嫌いな人に注目します。「敵」はとても大事な存在で、ある意味、全員が敵だと思います。むしろ「いまの自分」こそが「敵」の本質です。何かを恐れて、排除しようとする気持ちの中に、自分に必要ない足枷《あしかせ》があるのではないか。

私はいまの私をどんどん脱ぎ捨て、まったく違う人間になることもできる。変わらない部分もあるだろうけど、「変われる」というのは人間にとって最大の希望だと思います。だから、いつでもいまの自分は敵であるし、「私らしさ」をどこまで捨てられるかが、生きていくための鍵だな、と思います。

これは、お父さんが平川さんとの間に持っている「パブリックドメイン」にも通じると思うのです。他人同士の間で、どれだけ「わかりあえなさ」を積み重ねていけるか、自分のことを消去法で見出しながら、なり得る未来の自分をリストアップしていく作業。「いまの私」をどこまで捨てていけるかを、友達と一緒に見守りあっていけるのは、心強いことだと思います。お互いが変わっていき、長い人生の中では「あ、いまのアイツとはまったく相容れない。話せることがない」という時期もあると思いますが、それすら、星の巡りを観察するように、自然なこととして受け入れられたら、少し寂しくなっても、嘆き悲しむべきことではない。夏には見えないオリオン座だって、どこかに消えたわけじゃなく、毎冬あっさりと空に戻ってくるから、人間もそういうものだと思います。

つねに共感し続け、一緒に過ごしていく中でまったく変わらない友情なんて、1ヵ月や1年がとても長く感じられた子ども時代にうっかり思い込んでしまう幻想なのでしょう。

変わらぬ友情とは、「変わり続ける友情」のことだと、私は思います。

10 「気持ちよい動き」を真似よ

内田るん ➡ 内田 樹

るんちゃん

こんにちは。

前に書簡頂いてから、返信遅くなってすみません。

1月の末に橋本治《おさむ》さんが亡くなって、そのせいで、なんだかずいぶんがっくりしてしまっていたのです。

橋本治さんは僕が小林秀雄賞をもらったときに、授賞式で選考委員会を代表して選考理由を述べてくれました。るんちゃんはあの式に来ていたから、そのときのスピーチを聴いていたと思います。

橋本さんは僕にとってはほんとうに若い頃からの「アイドル」だったので、その人が僕の作品を論じるのを横で聴くという夢のような経験をあのときにはしました。

橋本さんが何を言ってくれたのか、もうすっかり忘れてしまったのですが、うれしくて身が震える思いをしたことだけ覚えています。

訃報を聞いたのは新聞社からの電話でコメントを求められたときだったのですが、橋本さんの思い出を話しているうちに、涙がこぼれてきました。

長く病気をされていて、去年はそれに加えて、癌で顔の肉の4分の1を取るという大手術をして、それでも、次の仕事のことをうれしそうに語っていたのに。

いろいろな媒体から追悼文を頼まれて、そのときに、いったい橋本さんの本をどれくらい読んできたのかと思って、書棚にある橋本さんの本を数えてみました。そしたら、125冊ありました。

それでも全著作の半分にも足りないのです。

橋本さんは亡くなって、もう新作を読むことはできないけれど、「未読」の本が100冊以上も残されていると思うと、それはそれでありがたいことだと思いました。

だんだん人が死にますね。

大瀧詠一さんが亡くなって、橋本治さんが亡くなって、兄が亡くなって。

みんな1948年生まれなんです。僕と2歳しか違わない。

この「2歳年上の兄たち」の背中をずっと見ながら生きて来たような気がします。そんなこと別に考えてなかったんだけれど、いなくなってはじめて「ああ、この人たちの背中を見て歩いてきたんだな」と気づきました。

この人たちが時代を切り拓く「風よけ」になってくれて、そのせいで僕たちの世代はお気楽にそのあとを歩くことができたんだと思います。

いるのが当然だと思っていたので、みんなある日、ふっといなくなってしまって、当惑しています。

でも、きっとそれと同じように、僕のあとの世代の中にも、僕たちの年代の人間を「風よけ」として利用してくれている人がいるんだろうと思います。

鷲田《わしだ》清一《きよかず》、関川夏央《なつお》、高橋源一郎、中沢新一、矢作《やはぎ》俊彦、平川克美……というあたりが年代的には「ひとかたまり」なんです。この「かたまり」、なかなか強面《こわもて》ぞろいですね。僕たちが後続世代の「風よけ」として役立てるといいんですけれど。

若静紀さんのところで地唄舞を習っていること、僕はとてもよいことだと思います。僕も合気道を習い始めて43年、観世流の能楽を習い始めて22年になります。

どちらも師の動きを見て、それをできるだけ忠実に再生・再演することが修業のほとんどです。

長く稽古してくると、それは「見る」というのとは少し違うということがわかってきます。もちろん、見てはいるんですけれど、「目で見ている」というより、「身体で見ている」という感じです。


るんちゃんは「ミラー・ニューロン」というのをご存じですか。

何年か前、イタリアかどこかの脳科学者が、サルの脳の活動をモニターしているときに、ちょっと席を離れてアイスクリームを食べていたら、サルの脳のある神経細胞が点火していた。

なんだろうと思って調べたら、「アイスクリームを食べる動作」をするときに発火する神経細胞だった。

つまり、このサルはただ人がアイスを食べるのを見ていただけなんですけれど、脳内ではアイスクリームを食べるという動作を演じていた。だから、これを筋肉運動に出力すれば、「同じ動作」が再現される（はず）。

エドガー・アラン・ポーの『モルグ街の殺人』て読んだことありますか？

ボルネオからオランウータンを連れて来た船員の話なんです。この船員がふだん剃刀《かみそり》で髭《ひげ》を剃っているのを見ていたオランウータンが、船員のいない隙に剃刀を取り出して、近所の人の髭を剃ろうとする……という話です。

たぶん、ポーの時代にあった実話に取材しているんじゃないかと思いますけど、これはミラー・ニューロンの典型的な事例だと思います（人間がボートを漕ぐのを見ていたオランウータンが実際に自力でボートを漕いだ事例があるそうですから）。

合気道でも、能楽の舞でも、地唄舞でも、僕たちは師匠が動いているのを見ているときにミラー・ニューロンが発火する。

だから、実際に身体を動かさずに、じっと師匠を見ている「見取り稽古」というものが成り立つのです。見取り稽古は自分ひとりでいい加減に動いているよりも、稽古としてはかなり効率的なんです。

でね、話はここで終わるんじゃないんです。

ミラー・ニューロンについての研究はそれからあとも続いているんですけれど、まだその働きの全容は解明されていない。そして、驚くべき実験結果が出て来た。

それは「見てなくても、ニューロンは発火する」ということです。

「ミラー（鏡）」という言葉に引きずられて、つい視覚的な入力に対する反応のことばかり考えてしまいますけれど、実際には「目に見えなくても、自分の身体のそばで、誰かが特徴的な運動をすると、その運動に用いられる神経細胞が発火する」ということが起きるんだそうです。

すごいですね。

見てないんですよ。でも、その「見えない動き」を再演するための準備は脳内ではできている。

でも、これはね、合気道の稽古をしていると「そうだよな」と実感するんです。

ただし、すべての「見えない動き」がミラー・ニューロンの発火を促すわけではない。だって、自分の視野の外側で営まれるすべての動きにいちいち反応していたのじゃ、身が持ちませんからね。

僕の考えはこうです。

ミラー・ニューロンは「気持ちのよい動き」に選択的に反応する。

これは、あくまで僕の個人的仮説です。実験的に立証した仮説じゃないんですけれど、経験的にはそんな気がする。

「気持ちのよい動き」「強い動き」「正しい動き」はそうでない動きに比べてミラー・ニューロンの発火をもたらす力が強い。

そういう動きはかたわらにいる人間のうちに、それを「模倣」したいという強い衝動をもたらす。

ときどき、「気持ちの悪い動き」や「弱い動き」や「変な動き」を模倣してしまう人もいます。

けっこう多いです。とくに中高年男性に。

でも、それは申し訳ないけれど、自分の「気持ち」や体感に対する配慮が足りないせいです。

たぶん、若い頃から長いこと「気持ちの悪いこと」「理不尽なこと」「納得がゆかないこと」に耐えてきて、そうやって「耐えてきたせいで今日の私はある」というふうに成功体験として受け容れてしまったせいで、「気持ちの悪いこと」をむしろ選択してしまう……という気の毒なことになっているんじゃないかという気がします。

まあ、そういう人たちでも、合気道のような武道を長く稽古してくるうちに、だんだんと「不快耐性を高めることはよいことだ」という思い込みから解放されてくるんですけど。

とにかく、問題は「気持ち」なんです。ふっと、その動作をしたい気になるかどうか。内臓とか深層筋とか骨とか、あるいはもっと深い細胞レベルで「気持ちがよい」と感じると、人間はそれを模倣したくなる。そうだと思います。

だから、師匠に就いて身体技法を学ぶときには「一流に就いて学ぶ」ことが必要になる。一流の人は、どういう動きが「気持ちのよい動き」であるかを体感的に知っているからです。それは自分の（やはり一流の）師匠の動きを自分の神経細胞に「転写」した記憶があるからです。

弟子たちは、そうやって師がかつて「師の師」から「転写」した「気持ちのよい動き」の神経細胞の発火地図のようなものを自分に「転写」する。そのようにして伝統芸能の身体技法は継承されてきたのではないかと僕は思っています。

るんちゃんは「「踊り／舞」は、まるで伝言ゲームのように、記録に残さず、身体と音だけで伝えてきた芸術だと想像する」と書いていましたけれど、その通りです。身体と音の「ふるえ」のようなものが師から弟子へ、弟子からその弟子へと「転写」される。

だから、弟子の仕事って、極言すれば一つしかないわけです。

それは「気持ちのよい動きについ反応して、それを模倣してしまう身体」を作り上げるということです。技術的なことじゃないんです。技術が立ち上がる基盤そのものを手作りすることなんです。

だから、さしあたり、一番よい修業は、師匠の起居動作、挙措《きょそ》を真似ることです。とはいえ、動きはすぐには真似できないので、まずは「着付け」を真似するあたりから始めるのが順当だと思います（僕が最初に多田宏先生の真似をしたのは、「サスペンダーをすること」でした）。

それから、「話し方を真似する」。

これはすごく効きます。

師匠に就いて学ぶことを「謦咳《けいがい》に触れる」という言い方をします。声や息遣いに触れるのです。

そうすると、師匠の「発声法」や「呼吸法」がわかる。まずそこから真似をしてゆく。発声法や呼吸法を真似すると、オリジネイターの身体感覚や情緒に共感できるようになる。それは、るんちゃんも歌を歌っているからわかるでしょ。

ビートルズのジョン・レノンはブラック・ミュージックが大好きで、その発声法を真似してました（アーサー・アレキサンダーとか、リトル・リチャードとか）。ポールはポップスが大好きで、ジョージはロカビリーが大好きで、リンゴはカントリーが大好きでした。だから、それぞれが曲想だけでなく、発声法、呼吸法が違っていました（リンゴの鼻声はカントリーの、ハンク・ウィリアムスの真似だと思いますよ）。

その4人が集まったから、世界史的なヒットメイカーになった。エリック・クラプトンとか、スティーヴ・ウィンウッドはイギリスの白人だけどブラック・ミュージックが大好きで、子どもの頃から発声法を真似していたので、「あんな歌い方」になりました。「ホワイトR&B」というのは、そういう子どもの頃から「息遣い」の真似の成果なんです。

本邦でもそうですよ。桑田佳祐さんはエリック・クラプトンと前川清さんの発声法を参考にして、あの独特の発声法を獲得したのです。だから、ブリティッシュ・ロック風味のドメスティックな大ヒットを飛ばすことができた。ええと、話が逸脱しましたけれど、ですから、師匠に就いて学ぶというのは、実は芸事だけじゃないんです。芸事だけ学んでいたのでは、修業が進まない。

まず挙措を真似る、着付けを真似る、息遣いを真似る。

若静紀さんは模倣のし甲斐のある師匠だと思います。がんばってね。

ではまた。

こんどはマンションの引っ越しのお手伝いをいろいろお願いすることになりますけれど、どうぞよろしくお願い致します。

11　家族で継承される「知恵」

内田るん
⬅
内田　樹

お父さんへ

もう2月が終わって3月になってしまいました。あっという間にお花見の季節ですね。桜というと私は芦屋川の桜並木が一番好きです。海側を向いても山側を向いても美しく、東京の辺鄙《へんぴ》な住宅地育ちだった私には、芦屋は桃源郷のようで現実味がなく、毎日うっとりと景色を眺めていました。芦屋川は子どもにも遊びやすくて、楽しい思い出が多いです。時々、イノシシが山から降りてきちゃうから、小さい子どもとかには、ちょっと危ないけど。

橋本治さんが亡くなってしまいましたね。母も落ち込んでいました。私も、橋本先生は手放しで好きと言える作家さんだったので、お父さんの小林秀雄賞授賞式でお会いできたときはとても嬉しかったのを覚えています。お亡くなりになったいま、たった数冊しか読んでいない浅いファンの私が橋本先生にお会いできたことがあるというのは、もっと熱心な橋本先生ファンである周りの友人らになんだか申し訳なくて、自慢したくてもできない気持ちです。

歳の近い先輩方が、まだまだ元気な年齢のうちにこの世を去ってしまうのは、寂しくて悔しいことですね。お父さんも健康に気をつけてお過ごしください。お父さんはそもそも身体がそこまで丈夫にできてないのですから。子どもの頃に抗生物質をやたらめったらに打たれ過ぎたり、心臓弁膜症で長期療養したり、化学物質がたっぷり含まれた工場排水のドブ川で遊んだり。日本人の平均寿命はいまのところは長いし、「人生120年時代」だとか耳にしますけど、いまの90代の方々ってやたら丈夫な気がします。成長期に食べてたものが良いんでしょうか？　毒性のある添加物や公害問題はもちろんその時代もあったと思いますが、日々の食事で保存料と添加物たっぷりの加工食品を食べている世代よりも、なんとなく健康的な素材で身体が作られていそうな印象があります。あくまで印象ですけど。

腸内環境が健康や精神状態に大きく関係してるという説をよく見かけます。消化器という一本の「筒」が私たち脊椎動物の本質で、その筒の中の細菌たちのうごめきが、私たち人間の本質なのかも知れない、と想像します。森の本質が、大小さまざまな木々、草だけでなく、それらを培う、地面に這う苔《こけ》や粘菌たちであるように。ストレスを受けるとお通じが良くないし、逆に、快便な日は身も心も軽いし、自分の精神が何か抽象的で高尚なものだと思っていても、「精神活動＝腸内活動」とセットで考えられるなら、お父さんの言うように、「気持ちの良い動き」をすること、自分の身体が快適であるように仕向けるだけで、精神も不快なことを避け、生き物として強くなっていくんじゃないかな。

お父さんも腸内細菌のバランスを大事に、発酵食品を毎日食べてくださいね。私はお父さんのお陰で納豆とキムチが大好きです。それでもなお、便秘が治らないので漢方のお医者さまにかかっていますが。お医者さまによると、これは冷えが原因だそうです。低体温の弊害も最近よく耳にしますね。

ミラー・ニューロンの話、面白いですね。私は山岸涼子先生の『アラベスク』や『舞

姫 テレプシコーラ』を読むと、漫画の中の美しいポーズを取るために必要な筋肉や腱が反応し、頭の中だけではしっかり同じようにキメているつもりで読んでいますが、それはそういうことだったんですね。私はミラー・ニューロンが過活動なのか、テレビなどを観ていても、面白かったセリフやCM曲のフレーズを鼻歌で繰り返したり、無意識にモノマネをしがちです。地唄舞の講習での若静紀先生の所作はとても嫋やかで美しいので、お稽古のあとはいつもその気になって所作を真似しています。先生の真似をして、できるだけ無駄のない綺麗な仕草や姿勢を心がけていると、渋谷駅や新宿駅などの人混みの中でも、人にぶつかりにくいし、触れ合うほど近くをすれ違っても相手が嫌がってないように感じます。動物としての「格」が上がったような感覚があります。舞踊というのは武道や格闘技と同じで、身体の使い方を訓練することですから、一個体の生物としても「強く」なるんだなと。

そろそろ着付けの方も真似したいのですが、まだまだ浴衣も綺麗に着付けられません。先生の本名、堀口初音さん名義の着付けの本も買ったのですが、肝心の着る物が、何を着たら（買ったら）良いのか、まだ決められず……。それに、お稽古は汗びっしょりになるので、冬でも浴衣で十分なのです。最近は丸洗いできるポリエステル着物が1万円くらいで買えるそうなので、欲しいなとは思うのですが、手元に母方の祖母章さんの着物があるのだから、まずはこっちを着てみようかな……。でも高そうだしと、頭の中がグルグルしていますが、和裁もそのうち習いに行って自分で直せるようになりたいな、とフワフワした夢ばかり膨らんでおります。

お父さんが今度借りた、東京のマンションの部屋のしつらえ、一からすべて揃えるというのはなかなか大変ですが、楽しいです。何回か通っていると気がつくことが色々あります。フラットエントランスは靴を履くときに腰をかける場所がなくて案外キツいので、丸椅子を買いました。お父さんの身体の大きさを考えると、狭い玄関口で身体を丸めるのも大変そうなので、靴べらも置きました。傘立てはシューズボックスに内蔵されてるので不要かと思いましたが、実際に雨の日にあの部屋に行ってみると、帰り際に部屋を出て、マンションのエレベーターを降りてエントランスを出るまで、傘を忘れたことに気づけないのです。新しめの集合住宅というのは、日々新たに取り入れられた意匠やアイデアが採用されて、どんどん便利にはなっているようですが、従来のやり方を一つ変えると、すぐまた別の不便さが出てくるものですね。個人的には団地型のアパートや、いまはもうない相模原の卓爾おじいちゃんたちの家みたいな昭和の和洋折衷な民家、父が毎年お世話になってる京都の美山町の小林さんちのような昔ながらの日本家屋などは、使い勝手よくできているなと思います。

「部屋作り」には、私なりのこだわりがあります。まず床が畳か絨毯じゃないと嫌で、板張りはダメです。借りた部屋がフローリングの場合は、ゴザを敷くか、絨毯をオーダーしてぴっちり敷き詰めます（ネットで買うと案外安いのです）。ソファがあってもどうせ床に座りたくなるので、座布団と座椅子、または大きめのビーズクッションを置くこと。椅子とテーブルよりは絶対コタツです。小さい踏み台があると、ちゃぶ台代わりに飲み物を置いたりもできるし、色々使えるので1台は用意します。ラックはスチール棚が一番手入れがラクです。本をいくら積んでも歪まないし、埃も一拭きでキレイに掃除できます。これらはお父さんとの生活で覚えた、「これが一番ラク」のスタイルです。こういう、それぞれの生活習慣や嗜好に合わせた、ちょっとした工夫や決め事は、家族内で継承されていく、各家庭の「知恵」だと思います。

でも、周りの友人知人らを見ていると、そういう「知恵」が継承されず、生活が半ば破綻している人はたくさんいるようです。生まれ育った家庭にそういうのが存在しなかった場合もあるのかもですが、それよりも、継承するには経済的・環境的に難しかったり、または「親のやり方を受け継ぎたくない」という精神的な隔たりがあって、そのスタイルを採用しない場合もあるのでは、と思います。でも、生活の方法、基本的な「生き方」って、親や保護者からしか、教われないものでしょうか？　そんなことないですよね。家庭科の授業だってあるし、寮生活などで身につけるものもあると思うし。お父さんも、おじいちゃんやおばあちゃんの生き方をそのまま真似して採用しているわけではないと思います。お掃除やお料理や部屋のしつらえだって、お父さんなりのスタイルや方法を独自に獲得しているように思います。それはどこから影響を受けたり学んだりしたものでしょうか？　学生時代の一人暮らしのときに培った「ノウハウ」は、お父さんの場合、どうやって得たのでしょうか？

お部屋の片付け指南本や収納グッズも、生活を組み立てるヒントにはなると思いますが、肝心なのは、「自分が本当はどんな風に生きていきたいのか」だと思います。日々の暮らしこそが「人生」です。今日、どんな部屋で、どんな気持ちで過ごし、眠り、朝を迎えるかっていうことこそが大事なのだと思います。コスパの良い節約生活も、必要最低限しか持たないミニマルな生活も、オシャレな家具や雑貨に囲まれた夢いっぱいの生活も、本当にそれが、その人にもっともふさわしい人生の様式なのかどうか。「生活」というものを、もっと根源から見直していくことこそが、人生を見つめ直すってことではないでしょうか……。

近年、友人らの「汚部屋」と世の中の荒廃ぶりが、決して無関係ではないのではないか……と考えているので、色々書いてしまいました。掃除機も持ってないって人が、けっこう多いんですよ。

内田るん ➡ 内田　樹

12　僕の原点、自由が丘の下宿生活

るんちゃん

こんにちは。

お手紙ありがとう。

こんどの東京の部屋の内装、ほんとうにお世話になりました。ありがとうございます。

家財道具を買っても、それが納品されるときに部屋にいなくちゃいけないというのがたいへんハードルが高くて、るんちゃんがいてくれなかったら、とてもじゃないけど、住めるようになるまで何週間もかかるところでした。

まだ部屋を見てないので、明後日行ったときに、るんちゃんの内装でどんなふうな部屋になっているのか、いまから楽しみです。

るんちゃんからは「昭和の大学生の下宿みたいな部屋」にしてあげるというご提案を

頂きました。あのマンションをどうやって「昭和」に模様替えするのでしょう。

「昭和の大学生の部屋」というと、僕の原点は自由が丘の下宿です。

いまはもう家そのものがなくなってしまったけれど、自由が丘のピーコックの裏にあったわりと広いお家の庭の離れを借りていました。

家賃16000円で、6畳一間で、一間の押し入れがあり、2畳ほどの台所と、トイレ（汲み取り式）がついてました。

庭の方に離れ用の入り口があって、そこを通って行くのです。

母屋から離れていてけっこう大きな音を出しても大丈夫でしたので、たちまち悪友たちのたまり場となりました。

ドアの鍵は鴨居の上に置きっぱなしだったので、留守の間に友だちが来て洗濯機を使ったり、徹夜で麻雀して明け方に帰ってきたら、部屋でも麻雀をしていたり……いろいろありました。

一番忘れがたいのは、大学を卒業するときに、「下宿は引き払わなくちゃいけないのだけれど、まだ次の部屋が決まっていないから、1ヵ月ほど荷物置かせてくれる？」と竹信《たけのぶ》に頼まれたときの話です（竹信悦夫《えつお》って知ってるよね。灘高の頃は高橋源一郎のツレで、大学時代には僕とつるんでいた愉快な男です。何年か前にマレーシアで亡くなりました）。

「いいよ」と深く考えずに返事をして、用事から帰ってきたら、部屋中段ボール箱だらけだったことがあります。

「部屋中段ボール箱だらけ」というのは不正確な描写で、玄関のドアを開けて部屋に入ろうとしたら、部屋のドアが開かない（ドアを開けて玄関で靴を脱いでから、またもう一つドアを開けて部屋に入る仕組みだったのです）。必死で押したら、少し隙間ができた。中に押し入って眺めたら、部屋中ぎっしりと、天井まで段ボールが積み上げられていたのです。机の上ももちろん全部段ボール。ベッドの上だけがかろうじて空いてました。

その部屋で3週間くらい暮らしました。玄関とベッドと台所とトイレだけは行き来できるように段ボールを押しのけましたけれど、本も読めず、原稿も書けず、ステレオもかけられず、洗濯機も使えず、もちろん麻雀なんかできません。

そして、ある日家に戻ってきたら、部屋は空っぽになっていました。

ひどいやつですよ（でも、そのあと彼は朝日新聞の熊本支局に最初に赴任したのですが、熊本に遊びに行ったときに美味しい鰻をおごってもらいました）。

その自由が丘の部屋ではトータルで3年ぐらい暮らしました。

後半はだいたい植木くんと一緒でした（植木正一郎くんも知ってるよね。日比谷のときの同級生。その頃は早稲田の学生で、自由が丘のシグナルヒルという喫茶店でバイトをしていたのです）。

彼は実家が戸塚で、12時近くまでバイトしていると終電がなくなって家に帰れないので、そのまま僕の部屋に泊まっていたのです。

ほとんど毎日泊まっていたんじゃないかな。

真夜中過ぎに、ふらふらっとやってきて、押し入れからふとんを引き出して、服着たまま、ごろんと寝てました。

着替えとか、入浴とかいうことはどうされていたんでしょうね。

僕はそういうふうに他人が家に出入りすることがあまり気にならないんです。

横に人がいても、本を読んだり、原稿を書いたりできる。るんちゃんが赤ちゃんの頃は「ねんねこ」にるんちゃんを背負ったままで、ふつうにフランス語のレヴィナスの哲学書を読んだりしてましたからね。

集中力が高いのか、鈍感なのか。よくわかりません。

下宿で思い出すのはもう一つ、九品仏《くほんぶつ》の線路脇の畑のそばにあった長屋で暮らしていたときのこと。

これは大学卒業の前後半年ほどのことです。自由が丘の離れの部屋を改修するから退去して欲しいと言われて、九品仏に引っ越しました。

ちょうど兄ちゃんが家を出て、無職の風来坊になっていたので、二人で暮らすことになりました。

西側に外に向いた小さな窓が一つだけ（廊下に向けてもう一つ窓があったけれど、そこからは光が入らない）の薄暗い部屋で、3畳と6畳の二間と小さな台所とトイレ。そこに「こたつ」と本棚と机とベッドを置いていました。

兄ちゃんはときどきバイトしていましたが、僕は大学を卒業する前には卒論をまじめに書いていた上、大学院入試を受けるために受験勉強もしていたので、ぜんぜんバイトする余裕がなく、二人とも逆さに振っても、「ちゃりん」という音すらしないほど貧乏でした。

真冬で、お金がなくて、ある日、晩ごはんの時間になったけれど、食べるものを買うお金がない。流しの下の棚を漁ったら、素麺と醤油がみつかったので、素麺を茹でて、醤油ですこし伸ばして「にゅうめん」のようなものを作って二人でずるずる食べたことを思い出します（もちろん葱も七味もないのです）。

学生時代はけっこう割のいいバイトをコンスタントにこなしていたので、お金で苦労したことはなかったんだけれど、卒業間際のこの1974年の冬ばかりはほんとうにあきれるほど貧乏でした。

この部屋の思い出はやはり大学院を受験することになっていた竹信と3日間部屋に籠もってフランス語の特訓をしたこと。

大学院は外国語の試験が二つあって、英語ともう一つなんです。

竹信は専門がアラブ現代史で、卒業論文は抜群のできだったし、英語もすごくよくできるんですけど、フランス語がぜんぜんダメ。フランス語さえそこそこの点数をとれれば大学院に入れる、ということで、仏文科の学生だった僕が「入試直前3日間講座」というものを引き受けたのです。

2年生までフランス語を履修していて、単位も取ったはずなんだけれど、竹信はそれを全部忘れていて。

仕方がないので、er《ウーエル》動詞の活用から始めて、3日間で接続法・条件法まで一気にやりました。

二人でこたつに足を入れて、他に暖房のない寒い部屋で、ときどき即席ラーメンを啜りながら、一日10時間くらい勉強したんじゃないかな。

途中で、さすがに特訓で疲れ切った竹信が、ばたりと倒れて天を仰いで「ああ、『いきなり始めるフランス語』とか『寝ながら学べるフランス語』というような参考書はないものかねえ」と嘆息したことをいまでも覚えています。

それから30年くらい経ってから、『寝ながら学べる構造主義』とか『いきなりはじめる浄土真宗』というようなタイトルの本を僕はほんとうに書くことになるのですが、それは竹信の一言をずっと覚えていたからです。

残念ながら竹信も僕もその年の大学院入試は落ちてしまいました。

春になって、竹信は朝日新聞社に入って熊本に去り、兄ちゃんは父の会社に再入社することになって相模原に去り、僕は自由が丘の大家さんから「改修が終わったからまたどうぞ」と誘われて、自由が丘に一人で戻りました。

そうやって始まった二度目の自由が丘下宿生活ですが、75年の暮れに合気道の自由が丘道場に入門して多田先生の弟子となり、人生の一大転機を迎えることになるのです。

今日は「昭和の学生下宿」という一言から思い出したことごとなどを記しました。

懐かしいなあ。

ではまた。

1985年夏ごろ。ぼくの文章が初めて商業誌に載った記念に。るんちゃんは3歳

13　お父さんの「オフレコ青春日記」

内田るん⇦内田　樹

お父さんへ

　武蔵小山のマンション、もう先日泊まって部屋の中を見たあとですね。どうでしたか？　ピカピカの最新設備が整ったあの部屋を、できる限り「昭和の大学生の下宿風」にしてみましたが、やっぱりコタツ頼みになってしまいました。コタツは最強ですね。私が思い描いていた昭和なアイテムの入手は現在では難しかったです。いま、コタツの上に置かれている、あの白い電気スタンド、あれは商店街の出口のところの、新品も中古も扱う道具屋さんで見つけて、中古で1500円なんですけど、ああいう平成初期の家電アイテムすら、いまはもうなかなか売っていませんね。

　とりあえず、昭和の生活感を演出するために茶盆や急須などの小物で彩りを添えております。「商店街で配っているカレンダー」も壁にかけたかったのだけど、時期外れなので、タダで貰えるところが思いつきませんでした。あと、キッコーマンの醤油瓶がスーパーに売ってなくてガッカリです。いまは鮮度を保つ密閉型パッケージが主流みたいです。慣れ親しんだものがどんどん貴重品になっていきますね。私はLEDの光も全然好きになれなくて、自分の部屋の卓上スタンドには白熱電球をいまだに愛用しています。熱いけど、こっちの方が落ち着きます。

30数年しか生きていないのに、黒電話からスマホまで、みるみる変化していく時代の中で、なんとか置いてけぼりを食らわないように必死ですが、長年使っていたPHSがもうサービス終了だそうで、SIMフリーの格安スマホに変えなくちゃと、ぼんやり悩んでいます。ふと気づけば身の回りの生活雑貨や家具・家電もどんどん変化していって、「え、いまってもう、あれ売ってないの?」ということが、今後もどんどん増えそうです。

家具も、ニトリやIKEAで手軽に安く使い勝手の良いものが揃うのは素晴らしいことですが、たまには大塚家具などで、職人さんが作った一生物の家具なども見て目を肥やしておかないと、物の価値がわからなくなりそうで怖いです。「2~3年で粗大ゴミに出しても惜しくない」ものばかりで暮らす生活は、ある意味「贅沢」ではあっても、「豊か」とは言えないんじゃないか、と勝手にモヤモヤします。

リサイクルショップで働いていたこともあって、昭和の高級家具や、実用的で作りのしっかりした家具の価値を見過ごせません。「需要がない」「場所を取る」と、安易に焼却処分せず、直し直し使っていく道を探すべきだし、そうしていかないと、「昭和の中産階級家庭の日用品」と同じレベルの質のものは、我々以下の世代では到底手に入らない希少品になってしまうでしょう。そこそこの品質の大量生産品を気軽に買える時代も、いずれ終わってしまうことを考えると、いまのうちに「カネ」より「モノ」を国内にキープしておかねばならないと感じます。この国はこれからますます貧しくなっていくのだから、それに合わせて生活スタイルを見直していかなくちゃいけない。昔のやり方も、新しいやり方も、どんどん取り入れて。

「昭和」って言うと、若い人は戦前・戦後の日本をイメージしがちですが、昭和50～60年代を見ても、その頃には青山にIDEE SHOPもできていたし、「チープシック」や「レトロモダン」という概念も、すでに当時の日本の若者たちの中にはあったわけで、いまとそれほど変わらないっちゃ変わらないですよね。

ここ数年はリバイバルで80年代ファッションや90年代ファッションがまた流行っているので、子どもの頃によく見かけたヘアスタイルやファッションをいまの20代の若者たちがしていて、奇妙なかんじです。特に、男性の前髪のセンター分け。数年前に初めて（いまの若い人がやっているのを）見たときは、すごくダサく見えて、かなり戸惑いましたが、慣れとは怖いもので、いまではなかなかイカしているなと思えます。ツーブロックは多分、センター分けよりももうちょっと前の髪型なので、こっちは全然気にならず、むしろ渋いなと思えたんですけど、センター分けはバブルっぽさがあって、すっごい古臭く感じてしまって……。いや、これはバブル時代というより、バブル以後もその髪型を続けている、「次の流行に乗り遅れている人々」の「ダサい髪型」としてインプットされてしまった気がします。

子どもの頃って、時間の感覚がとても長いから、1〜2年で変わっていく流行にも自然に感覚的に追いつけていたのに、いまでは10年前に流行っていたアイテムも平気で身につけてしまっていて、「これが老いというものか……！」と、衝撃を受けます。自分より若い世代の友人とも付き合いがあるので、知らぬ間に彼らの前で古臭いダサい格好をしてるんじゃないかと、時々、鏡の前で不安になります。

話はズレますが、お父さんは「ストロングゼロ」というサントリーのお酒をご存じですか？　アルコール度数が9％もある缶チューハイ飲料なのですが、この手の「ストロング」系がここ10年で若者たちの間で大人気なのは、「1缶だけでベロベロに酔える」からなんだそうです。いまの20～40代には、平日の仕事終わりに飲むお酒に出せる額が、150～200円くらいだそうで、貧困の象徴としてネットミーム化し、プロレタリア文学ならぬ「ストロングゼロ文学」なんて言葉まで、いまはあるみたいです。

こないだ、武蔵小山で晩御飯を食べようとなったときに、お父さんに「どこかオススメのお店を教えて」と言われて連れていった「熱烈中華食堂 日高屋」。安くて美味しいリーズナブルなチェーン店です。お金がないメンバーで集まると、コンビニで買ったお酒を外で立ち話しながら飲むのが基本ですが、缶ビールや缶チューハイを外で飲むには寒い時期は、日高屋でメンマとレモンサワーか、またはサイゼリヤです。サイゼリヤは安くて美味しくて、本当に素晴らしいですよ……今度連れてってあげますね。

でも日高屋やサイゼリヤだって、いつまで通えるかわかりません。原材料や輸送費が上がれば、どんな安い店もだんだん値上がりしていくし。逆に労働者の給与は少し上がったところで税金も多く取られてしまうだけですから、「稼いだ分だけ取られるなら、生活できる最低限しか働かないで時間と体力を手元に残したい」と思うのが人間の自然な気持ちだと思うし、勤労意欲が増すはずもない。「大衆酒場」に飲みに行くことも、非正規雇用で働く多くの人にとっては贅沢なことになってしまった。こんな状態じゃ、日本の経済も、国民の所得も、今後上向きになるようなことは全然想像できませんね。

私自身はおかげさまで生活に困窮したりはしていないのですが、同世代や若い友人らの懐《ふところ》事情を聞いていると、税金・年金・保険料と家賃・光熱費・通信費を払い、さらに奨学金返済などを背負っている人は、どんなに真面目にコツコツと働いていても、わずかな額のお金しか、手元に残らないようです。一つ年上の37歳の友人が、先日ようやく国立大学の奨学金を返し終え、茨城の実家を出て一人暮らしを始めたそうです。奨学金返済してる限りは実家から出られないし、就職活動するにも実家から通える範囲でしか探せないから、立派な大学を出ても選択肢がそんなに多くなかったのだろうと、いまになってようやく想像がつきました。

彼女とは18歳の頃からの付き合いなのに、全然わかっていなかった。私には私の生活があり、友人らには友人らの生活があり、そこはお互いあまり干渉せずにいたいのですが、理解が足りないと、自然と疎遠になってしまうものですね。たとえ当人らの口からは語られなくても、世の中のこと、社会問題になっている色々なことを細かく気にかけていれば、自然に想像がつくはずなのに。友人らのリアルな生活と人生を理解していくためにも、もっと社会に目を向けなければと反省しました。

お父さんの青春時代の思い出話、いつも楽しいのでもっと聞かせて欲しいです。いまはまだ語れないような色々なことも、「もういいかな」というときになったら公開する用の「オフレコ青春日記」も是非書いて欲しいです。何度もお願いしていますが、「完全なフィクション」という体《てい》でいいので、いつか自伝を書いて欲しいです。お父さんの目を通して見た、60~70年代の文化史と、当時の高学歴大学生のリアルな日常を、お父さん（のような青年）を主人公に据えた、主観の物語として読みたいです。でも今回のお手紙みたいな感じで、情景描写がポロポロ出てくるのだけでもとても楽しいです。当時の時代の空気感が伝わってきます。段ボールがぎっちり詰まった部屋……。一体、中身はなんだったのでしょうか。

「一人暮らしの部屋が友達の溜まり場になる」、私もそういうのに憧れていました（高円寺に住んでたくらいですから）。しかし近年は大家さんの方も、そういうのに辟易《へきえき》しているようで、「こちらは契約者の方にだけ部屋を貸したのであって、契約者以外の人間を部屋にあげることは基本的に違約となりますから、お友達を部屋にあげたりしないでください」と、借りるときに念を押されたこともあります。実際は、そんなうるさく言われませんでしたが、大学が近い物件だったので、きっと「もはや誰が店子かわからない」くらいの状態になったことが、かつてあったのでしょう。

でも私はいつも大家さん運が良いです。だいたいが優しい年配女性で、設備で困ったことがあったらすぐに業者を手配して無償で直してくれるし（当たり前っちゃ当たり前ですが）、以前借りた部屋の大家さんなんて、ご近所への挨拶回り用の「粗品」を、必要分すべて用意してくれていたり（でも、最近はチャイム押しても、開けてくれなかったり、「要りません」とか言われちゃうんですよね……。顔見て挨拶できたおうちは一軒くらいでした）。

時代がどんどん変化していく中、色々な世代の人々が、それぞれの「普通」や「常識」も日常の生活様式も違うまま、２０１９年という同じ時代の、同じ国に住んで暮らしているというのは、考えてみると不思議ですね。

特に都市部は、同じ一つの地域なのに、世代別のみならず、無数の人間関係やコミュニティが存在しているのだと思うと、パラレルワールドみたいだなって思います。自分とは別の世代、別のコミュニティに混ざっていくというのは、気持ち的には異星人と触れ合うくらいの勇気も必要だったりします。

自分ではまだ若いつもりでいながらも、年齢的に自分より若い人たちと関わると、「自分の年代に課せられてる態度や責任」というものを意識させられます。私から若い世代の友達に与えられるものって、なんだろう。若い人たちの中での「礼儀」や「マナー」も、どんどん更新されていっているだろうから、先人からの教えだけでなく、「これからの世代」からも色々教えを乞わねばな、と。若い友人らから教わる、近年人気のアーティストや漫画家さんの新鮮な時代性に触れていると、「まだまだ私の未来は続くぞ！」というような、ヤングな気持ちになります。

14　バザール、凱風館マルシェ、経済活動の本質

内田るん ➡ 内田　樹

るんちゃん、こんにちは。

武蔵小山のマンション、快適に使っています（これまでに3泊しました）。

やはり「こたつ」は最強の家具ですね。食卓であり、仕事机であり、暖房であり、寝具でもあり、遊び場でもあるという。昔の大学生の下宿って、基本的に家具と言ったら「これ一つ」でしたからね。でも、こたつ一つあると、友だちが来て一緒にご飯を食べて、麻雀やって、お酒飲んで、おしゃべりして、そのままごろ寝ということがきわめて快適にできたんです。僕の学生時代でさえ、「こたつ」は数千円で買えたんだから、ほんとに「貧乏学生にとって究極のウェポン」でした。そのありがたみを武蔵小山で再認識しました。

急須とか、お盆とか、玄関の丸椅子とか、電気スタンドとか、こたつの上のお茶菓子

とか、細かいところに「昭和的」配慮をしてくださったようで、ほんとうにありがとうございます。

なんか、あの部屋、落ち着きます。

自分が貧乏で、社会的にほとんど立場がゼロだった頃に身の回りにあったわずかな家財って、インディアンにとっての「ティピーテント」とか、モンゴルの遊牧民にとっての「パオ」というような感じがします。「軽トラック1台あれば、1時間で撤収できます」という。なんだろう、「ヤドカリにおける貝殻」みたいなものかな。「貧乏だった頃の家財」には、ヤドカリが貝殻に抱くであろう親しみと信頼感のようなものを感じます（ヤドカリになったことがないので想像ですけど）。

晴れた日はベランダから富士山が見えて、なかなかホテルでは味わえない解放感を経験してます。いろいろお世話になりました。

でも、このマンションも不動産屋さんに聞いたら、ほぼ全室がワンルームで、住んでいるのは独身の勤め人男女（男女比は5：5だそうです）。夜遅くに帰って来て、ただ寝るだけ。だから、昼間はほとんど無人だと言ってました。

たしかにワンルームだと、ドアを開けたら、そのままベランダまで一望ですから、ほとんど「独房」みたいなものですよね。ベッドと机を置いたら、それでもう部屋一杯です。それじゃ、「はやく家に帰って、のんびりくつろごう」というような気分にはなかなかなれないかも知れないです。ぴかぴかだけど、あまり優しさの感じられない部屋に、夜寝るだけのために帰ってくる若い人たちの都市生活のことを考えたら、ちょっと気鬱になりました。

友だちを連れて来てもいけないんでしょ？　ましてや、人の引っ越し荷物を預かるなんて論外ですよね。そういうことができないなんて、なんだか気の毒です。

家賃はたぶんここの10分の1くらいだったと思いますけど、１９７０年代の僕の自由が丘の下宿の方がずいぶん「人間的」な空間だったような気がします。

「ストロングゼロ」の話、たいへん参考になりました。そうなんですか。若い人たちは「1缶だけでベロベロに酔える」お酒を飲んでるんですか。

若い人たちの可処分所得がどんどん減っているということは情報としては知っていましたけれど、そういう話を聞くと、実感がわかりますね。

僕の周りにいる若い人たちは、次第に「生き方を変える」という方向に向かっているように見えます。数年前から目立つのは「地方移住」です。僕はそれをテーマにした本も1冊書きましたけど（『ローカリズム宣言』という本です）、凱風館《がいふうかん》周りでも、数年前から都市での生活をやめて、田舎に移住した人は何人もいます。農業を始めたり、造り酒屋で杜氏《とうじ》をしたり、吉野の山の中で私設図書館を始めた人もいます。

みんなとっても意気軒昂で、ときどき顔を見せてくれます。

先日は「凱風館マルシェ」というのをやりました（もう2回目）。凱風館周りの人たちが道場に出店して、手作りのものを売るのです。海苔《のり》作りの人が海苔を、お芋を作っている人はお芋を、お茶を栽培している人はお茶を、お米を作っている人はそれでチキンカレーを作って……あとはいろいろな手作りグッズを売ってました。

道場の真ん中に座卓を置いて、お客さんたちはそこでカレーを食べながら、お茶飲んで、おしゃべりしたり、子どもたちは畳の上を転げまわって遊んでいました。

マルシェとは別に「着物もらってくださいの会」というのもやってます。これは「簞《たん》笥《す》の肥やし」となっている着物を道場に並べて、欲しい人がもらってゆくという趣向のものです。これが思いがけなく大盛況。そういうイベントがあると知って、人づてに「うちにある着物をもらってください」と言って、着物を持ち込んでくる人もいます。

もちろんぜんぶ「ただ」ですよ。着物だけじゃなくて、帯や、履き物や、小物も並んでいて、女学院の学生がそこで上から下まで全部揃えていました。

そういうのを見ていると、なんだか昔の「バザール」って、こんな感じなのかなと思いました。

僕たちは「マーケット」というと、商品が大量生産、大量流通、大量消費、大量廃棄される仕組みを思い浮かべますけれど、本来の「マーケット」というのは、こんなふうにお互いの顔が見える場所で、それぞれにとって「必要なもの」と「余らせているもの」を、貨幣の媒介なしにやりとりする場だったんじゃないかな……という気がします。

もちろん、生活に必要なものすべてを「マルシェ」で手に入れることはできません。でも、こういう「市」があちこちで立つと、お金がなくても、自分に提供できる物品や知識や技能を交換の場に差し出せば、自分に必要なものをいくらかは手に入れることができるようになる。

実際に、前回の凱風館マルシェで一番面白かった出し物は、「7分間で英語の発音がよくなる」という「技術」でした（お値段は200円）。出店していたのは、カリフォルニア大学で医療経済学を教えている兪《ゆう》先生という僕の友だちです。たまたま日本に来ていたので、マルシェに遊びに来てくれて、ついでに出店してくれたのです。あとで訊いたら、1000円くらい稼げたそうです（そのお金で打ち上げのときにワインを飲んでました）。

僕がいいなあと思ったのは、「マルシェ」はとってもなごやかだったからです。みんなそれぞれのお店の前に座り込んで、「店主」と商品を囲んでおしゃべりしている。ものの売り買いよりも、おしゃべりの方がメインで、だから、数時間があっという間に経ってしまいました。

僕は経済活動というのは本来こういうものじゃないかと思います。

まず、人が集まってくる。「何か」が起きる。ただ、通りすがるだけだったら、別に何も要りません。懐手で行き過ぎればいいんですけれど、そこにある程度の時間とどまっていて、それなりに居心地のよい場所にいたいと思ったら、「提供できるもの」を持っている必要があります。となると、「自分にしかできないことは何か」を考えるようになる。

それが経済活動ということの本質なんじゃないかと僕は思います。

るんちゃんはアメリカのゴールドラッシュって知ってますよね。19世紀の中頃にカリフォルニアで金鉱が発見されて、世界中から人がやってきた。サンフランシスコは人口

200人の集落だったのが、数年間で36000人の「都会」に変わりました。

でも、面白いのは、ゴールドラッシュで一番儲けたのは「一山当てた」探鉱者ではなく、ゴールドマイナーたちにタフな作業着を売ったリーヴァイ・ストラウスさんだったということです。

そういうものなんですよね。たくさんの人が集まってわいわいやっていると、「たくさんの人が集まってきた」状態そのものからさまざまな派生的「ニーズ」が生まれる。コンテンツの良否にかかわらず、人が集まってくると、ビジネスが成立する（場合がある）。ゴールドラッシュのときには、ホテルやレストランや弁護士も大いに潤ったそうです。

五輪とか万博とかいうのも、要はそういう「人がたくさん集まると生じる派生的なニーズ」に期待して企画されたイベントだと思います。けれども、規模が大きすぎる。そして、すべてのビジネスチャンスがあらかじめ中枢的にコントロールされているせいで、「自分に何ができるのか、自分はどういうものを提供できるのか」というようなことを考えてわくわくするということは個人のレベルでは起きません。民泊を始めるとか、万博会場前に「たこ焼き屋」を出すとか、それくらいのことは誰でも思いつくでしょうけれど、それは「自分にしかできないこと」という条件には当てはまりません。でも、全部がコントロールされていて、誰がどうやって、どれくらい儲かるか、事前に予測が立てられていて、一人ひとりに「そこで自分ができること、自分にしかできないことって何だろう」と考えさせてくれるチャンスを与えないイベントは、その語の厳密な意味で「経済活動」ではないと僕は思います。

いまの若い人たちが貧しいのは、経済システムの設計が間違っているからです。若い人たちを劣悪な雇用条件でこき使うことで「人件費コスト」を削減して、それで利益を上げるという仕組みに、経営者たちは慣れ切っている。市民たちがどんどん貧しくなってゆけば、消費活動は冷え込み、内需の市場は縮減し、いずれ人件費カットで利益を出した企業も潰れてゆく。だから、こんな経済システムがいつまでも続くはずがない。若い人たちにチャンスを提供できない、若い人たちの自由で野心的なイノベーションを支援できないような経済システムは早晩破綻します。というか、もう破綻し始めている。

「これから日本の経済はどうなるんでしょう」とよく訊ねられます。

僕は水野和夫さんの言う「定常経済」が落ち着きどころだろうと思います（るんちゃ

んは水野さんの本を読んだことがありますか？　なければ『資本主義の終焉と歴史の危機』を読んでみてください。資本主義がもうすぐ終わるということを実証的に書いています。僕は一度お会いして対談したことがありますが、とてもスマートで面白い方でした）。

定常経済というのは、もう経済成長をしないシステムです。でも、必要なものは必要なときに手に入る。株式会社の出資者たちは株の売り買いで稼ぐのではなく、その企業が存続することで自分たちの求める商品やサービスが安定的に供給されるという事実そのものを「配当」として受け取る（だから、株主には「現物」支給）。

そういうところにいずれ落ち着くんじゃないかと僕は思っています。

「どういう産業セクターが生き残れるのですか？」というのもよく訊かれる質問ですけれど、これを話し始めると長くなるので、それはまた別の機会に。

ひどい世の中ですけれど、僕は基本的に楽観的です。これから世の中は変わります。変わらなければ困りますから。るんちゃんたちが愉快に暮らせる社会はどんなかたちのものか、それについて僕も一生懸命考えています。るんちゃんからもアイディアを出してくださいね。

ではまた。

15 これから日本の経済はどうなるか？

内田るん
⇦
内田　樹

お父さんへ

今日は4月なのに、また真冬のような寒さです。三寒四温ならぬ五寒六温という感じの異常気象ですね。

お花見はしましたか？　私は友人らと千鳥ヶ淵から靖国通りを市ケ谷を経由し四ツ谷まで、桜を見ながら歩き花見をしました。こないだの日曜は神奈川の綱島の方へ行き、鶴見川沿いの桜を見ました。地元の人たちがアウトドア用具一式を持ち込んで楽しそうにピクニックしていました。昔は人が少なかった中目黒の目黒川の桜はいまは大変な人出で、近隣の方々はちょっと困っているようです。桜は綺麗ですけど、あのへんは道も広くないですからね。

桜の綺麗な並木道なんてそこら中にあるのに、有名なところにばかり人が集まってしまうのは勿体ないなと思いますが、それこそお父さんが書いていたように、「一箇所に人をたくさん集めれば商売になる」という戦略が裏で動いているのでしょうね。千鳥ヶ淵のそばの北の丸公園や靖国神社にも屋台が色々出ていて、お祭りみたいに賑わっていました。お花見客で人気の公園などで「ゴミ回収屋」とか「お手拭き屋」「お手洗いマップ屋」とか、便乗商法をやったら儲かりそうな気もします。もちろん、公園での営利活動はどこも禁止だと思うけど、それくらいはあっても良さそうなもんだ。

私の愛する長谷川町子先生の『エプロンおばさん』を古本で見つけたので、久しぶりに読み返したのですが、その中に「日差しの強い中、釣りをしている人の周りに野次馬がたかり、釣り人がなかなか釣れないのを眺めてジリジリしていると、路上販売のアイスクリーム屋が来て、みんながこぞってアイスを買う。じつは、釣り人は魚など釣る気は最初から無くて、アイスクリーム屋と手を組んでいた」というエピソードがあり、なるほど、お父さんが言ってた話そのままだな、と。

『エプロンおばさん』、久しぶりに読み返すと、子どもの頃には意味がわからず読んでいたのだなと思う話ばかりで、改めて面白かったです。小さな子どもでもわかるような、登場人物たちの顔の表情の変化だけで楽しませてくれる話もあれば、水爆実験に対する市民の怒りを扱っていたり、フェミニズム的な視点もさりげなく取り入れ、当時はこういった政治性というか、「イデオロギー」がいまよりも身近なものだったんだなと驚かされます。

「日本はこれからどうなったら良いと思うか？」

う〜ん、都市部に住む感覚としては、資本主義はすでに終わっていて、「名残り」というか、エンジンが止まってもまだしばらく慣性で車輪が回っている、ような感じがします。経済人たちは一所懸命に線路をピカピカに磨いて車輪の摩擦を減らそうとしたり、列車に帆をかけて風力でスピードを保とうとしたり工夫しつつ、車両からあらゆるものを捨て、乗客をポイポイとおろし、なんとかしてスピードを保って、完全に停止するのをギリギリまで延ばそうとしている印象です。いずれ、すべての客室車両が切り離され、乗務員や機関士も老衰で亡くなり、いつのまにか誰もいなくなって、石炭が燃え尽きた機関車だけが荒野にポツンと佇《たたず》む……という絵が浮かびます。

それと同時に、最後尾の車両に「人とモノ」を集めて、そっち側から連結を外していく、ということをやってる人もすでにたくさんいるように思えます。また、「沈みゆく船と最後まで運命を共にする船長」なんてのを気取る人もこれから出てくるかも知れませんが、そういう人がいると「じゃあ自分も残ります！」とか言い出す人や、そう言わなきゃいけないかのような「空気」ができてしまうので、やめて欲しいですね……。新しい生き方を模索しなくちゃいけない大変さを考えたら、資本主義と心中する方がラク、という人もたくさんいるようで、恐ろしいです。

水野和夫さんの本は読んだことはありませんが（というか、この方に限らず、私はあまり漫画以外の本を読みませんが……）、面白そうですね。私は、数年前は「資本主義の次はアイドル主義だな！」と考えていました。カリスマ的な存在や、自分の好きなアイドルなどに「お布施」を貢ぐ人々が、今後ますます増えていき、物質的な見返りを求めない「信奉者」からお金を集めていく、カルトっぽい経済活動で、ちょっとした宗教法人みたいなコロニーがたくさんできて、新しい「村」となっていく。

人が集まれば、同好の士がたくさん集えば、困っている仲間に対して、時には公的なサポートよりも素早く対応できるし、ネット上のドネーションやクラウドファンディングが流行っているのも、そういうことかなと思っています。仲間内の誰かの成功が全体に寄与すると思って応援したり、連帯感を持つことで安心したり。海外への転職のツテや、地方移住のサポートなどは、こういった「コロニー」的な繋がりが「ご縁」としても作用すると思います。

以前の日本社会のように、「血縁者だから」就職を世話してもらおうとか、お金持ちの親戚に進学の費用を出してもらおう、といった感覚は、いまの若い世代の中では希薄になっているように思えます。でも昔は、血縁者全体の社会的地位を良くするために、お金を出し合ったりしたんですよね？　それほど仲が良くない親戚同士でも。たまに現代物の漫画でも、「本家のおじさんが、そこそこの大学なら学費出してくれるって」という会話が出てきたりして、ハッとさせられます。漫画などの中で描かれる、この50年くらいの間で影を潜めるようになった多くの「常識」が、忘れ去られた「日本の伝統／作法」のような印象として、逆に新鮮さを伴って感じます（懐古趣味って言ってしまえば、それまでですが……）。『エプロンおばさん』なんて、読んでてずっと新鮮です。

下宿ってすごいですよね。「国内ホームステイ」システム。ほかにも、お中元やお歳暮を直接相手の家に訪ねて持っていくとか、赤の他人の「花嫁さん」を家の前で待って見物したり、旅行中の留守番を頼まれて、「ご近所さん」というだけの他人の家で寛いだり……。現代とあまりに感覚が違うので驚きます。

でも「身近な人」が親戚やご近所さんではなくなっただけで、ＳＮＳやマッチングアプリで知り合った人とお花見をしたり、趣味仲間たちに自分の結婚式に参列してもらったり、シェアハウスで一緒に暮らしたりしているような、昨今の若い人たちのコミュニティ形成や集団生活の感覚は、『エプロンおばさん』の時代のものに、少し近いような感じもします。武蔵小山のあのマンションのような、新築のワンルームで、完全防音で隣近所も互いに干渉しあわず、エレベーターすら同乗を遠慮する、都市の個人主義感覚が極まったような生活を好む人とはまた別に、「お金がないなら寄り集まって、なんとか暮らそう」という、「庶民の本能」とも言える互助の精神がまた活性化しているといううか……。

いま、武蔵小山のスナックでアルバイトしているのですが、35年近く店を切り盛りしている、そこのママさんの経営哲学というか、肌感覚がとても勉強になります。このご時世、平日はお客さんゼロの日も珍しくありません。それなのに何故、時給1500円も出して「女の子」を雇うのか？　ママさんが言うには、「誰も来ない中、店で客が来るのを一人で待ってるとウンザリしちゃう。かと思うと、なんでもない日に満席になって、一人じゃ回せなくなったりもする。水商売ってのは何十年やっても、本当にわからない、まったく読めない。でもまだしばらくお店を続けたいから、たとえ赤字でも従業員がいてくれた方が良いのよ」とのことでした。

そしてママさんは、「こりゃもう、誰も来ないな」という日には、私を店番に残し、近所の仲の良いスナックに飲みに行きます。でもそれは遊びに行くのが目的ではなく、「あそこのママ、こないだ飲みに来てくれたから、今度はこっちが行かなくちゃ」という理由なのです。お金とお客さんを、近い仲でクルクルと回すのが大事なんだなと。向こうが常連さんを同伴して来てくれたら、こちらも誰かを連れて向こうの店に行く。ふらっと寄ってくれて3000円使ってくれていったら、こちらも暇を見つけて向こうに行って3000円使う。お金が出るのを惜しんで財布に残したって、お金が増えるわけではない。ほとんど同額のお金が、近しい店の間で、行ったり来たりしているだけなのだけれど、それによってお店が「動く」し、関係性が活性化する。ほとんど儀式的な慣例のようでもあるけれど、資産を囲い込みするのは、一時的に支出を減らせても結局は自分たちの首を絞めることになる、と彼女たちは知っているのだなと。だから店番に私を雇うのも、必要経費なんですよね。

スナックのママさんたちの経営学から行くと、いまの日本企業の内部留保なんて、愚の骨頂ですね。あらゆる仕事は「専門職として質を高めるため」という名目で資格ビジネスに囲い込みされ、年収300万円程度の職に就くのに500万円前後の専門学校の学費と、その認定された技術を肩書きに添えるために「日本○○協会」とやらに年会費を払わなきゃいけなかったり、半分詐欺みたいなことが一般化してますし。医者も保育士も他人の命を預かる仕事で、やすやすと資格を与えてはいけないのはわかっていますが、お金と時間さえかければ資格が取れてしまうというのも、本当はおかしいことです。これは運転免許も同じで、免許を取った人たちがこれだけ頻繁に道交法を無視しマナーの悪い運転をして事故を起こしているのなら、「免許」の意味があるのかしら……と。

私の個人的な肌感覚だと、日本の経済がダメになった原因の底辺には、性悪説というか、「他人のことなど、どうでもいいと思ってるに違いない」と相手を信用しないことで身を守ろうとする感覚や、「自分だけは騙されないぞ」というせせこましい考えが、大きく影響しているような気がします。相手が自分を裏切るという前提で動くことで、資本や技術を独占し、利益を分配せず、同業者を蹴落とすことばかりしてきた結果、その業界自体が殺伐として、お金もモノも人も停滞し硬直してしまった……。

でも、人間って、利己的な本能はもちろんあるけれど、「他人に優しくしたい」生き物でもあると思います。目の前にいる人がガッカリする顔を見たくなくて誘いを断れなかったり、知らない人でも電車の中や公共の場で苦しそうにしているのを見たら暗い気持ちになったり、人間は自分の目の届く範囲の人には笑顔で幸せにいてもらいたい、という本能があるのだと思います。自分がとても不幸で、周りから痛めつけられていると感じているときは、他人の笑顔が鼻についたり、嫉妬の対象になるかも知れませんが……。

たとえ対立していても、「自分も相手もどっちも満足いく結果になり、折り合いがつき、互いに幸福を願いあえる状況」になると、ほとんどの人は喜びを感じるものじゃないでしょうか？　そうあって欲しいと私が思っているだけでしょうか？　「他人は自分からシェアを奪うもの」という考え方は、「他人と喜びをシェアしたい」という人間的欲求を無理に封じ込めてる人の臆病な逃げ口上のように、私には思えます。

「袖振り合うも他生の縁」「情けは人のためならず」といった諺《ことわざ》がいまもよく使われているように、目の前にいる人を大事にすること、そこに何ら利害がなくても、それが自分を大事にすることになる。つまり、自分の利益として返ってくる……というのはきっと、とても日本的な感覚で、「日本の経済」というのもこれがベースになければいけないのだと、私は思っています。

「凱風館マルシェ」、楽しそうかつ美味しそうですね。今度何かお土産に美味しいもの持ってきてくださいー。

16 利益をもたらす「通りすがりの人」

内田るん ➡ 内田　樹

るんちゃん

こんにちは。お手紙ありがとうございます。

「石炭が燃え尽きた機関車だけが荒野にポツンと佇む」というイメージは秀逸ですね。そう言われてみると、赤い夕陽が沈む荒野にもう動かない機関車が長い影を投げかけていて、中には白骨の死体が累々と……というのは、資本主義の終焉の図像的表現としてはぴったりだなと思います。

もうとっくの昔に「降りる人」は自分の降りたいところで降りてしまっていて、踏ん切りがつかずにいつまでも乗っている人たちも、どこかで機関車が止まることはわかっているんだけれど、降りるタイミングを見つけ損ねて、お互いに顔をみつめあっているうちに、一人ひとり老衰して死んで、白骨化してゆく……たぶん、そんなことになるんだと思います。

僕の知り合いに超大手の証券会社に勤めている人がいます。その会社に入りたいと言っていた学生に、「やめておきなさい」と忠告しているのを横で聴いていたことがあります。「どうしてですか?」と怪訝な顔をしていた学生に「うちの会社、あと20年も持たないから」と答えていました。びっくりした学生が「え、そうなんですか?」と問い返したら、「だって、上がバカばかりだから」と言っていました。

たぶん日本中の大企業でそれと同じことを言っている人がいると思います。「御社はあとどれくらい存続しそうですか? 正直なところ、どうですか?」と訊かれたら、誠実な人は首をかしげて、「あと20年持つかどうか、とても確言はできません」と答えると思います。

るんちゃんはあまり知らないと思いますけれど、ＡＩの導入によって大規模な雇用喪失が起きることが予測されています。

僕はForeign Affairs Reportというアメリカの外交専門誌の日本語版を定期購読しているんです（アメリカの政治経済のテクノクラートたちの「本音」がいずこにあるのかきち

んと把握しておかないといけないので)。この雑誌は近年何度も「AIによる雇用喪失」の記事を掲載しています。

それによると、AI導入による雇用喪失が2030年までに製造分野やいくつかのサービス部門で起きることが確実視されています。

最初になくなるのがトラック運転手。これは自動運転に代行されます。自動運転だとスピード違反も信号無視もしませんし、休憩も睡眠も要らない。初期投資はかかりますけれど、以後の人件費コストはゼロになる。

もともとアメリカには「全米トラック運転手組合」というものすごいタフな組合があって、マフィアとの癒着や政治家との戦いで労働組合の歴史に名を残しているんです。アメリカの流通をある意味で支配していた組合がAIによってこの世から消える。

これは政治史的には単なる雇用喪失以上に実は大きな意味を持っていますけれど、そのような巨大な政治勢力がAIの導入によって存在基盤そのものを失う。

とりあえず、全米のトラック運転手が200万人。この人たちが一気に職を失う。

いつ、どこが雇用崩壊を起こすか、正確な予測は不可能ですけれど、「恐ろしいほど大規模な雇用喪失が、驚くほど短期間のうちに起きること」だけは確実とのことです。

　でも、日本のメディアはこの問題については、ほぼ完全な沈黙を守っています。いつ、どの産業セクターが「消える」かについては考えようとしない。

　それはたぶんマスメディアが「まっさきに消えるセクター」の一つだということを、メディアで働く人たち自身が感じているからだと僕は思っています。

　自分の死期とか死にざまを予測する作業に、優先的に知的リソースを割くのは気が進まないのでしょう。そんなことを考える暇があったら、宴会でもして、花見酒に酔っていたい……というのは人情としてわからないでもありません。けれども、やはりメディアがメディア自身を含む社会の劇的な変化について思考停止に陥っているのは「よろしくない」と僕は思います。


　でも、メディアがさっぱり報道しないので、若い人たちは「資本主義の先行きがどうなるのか」について、正確な情報も蓋然性の高い予測も知らされていません。

　もちろん、情報なんかなくても、直感的に「これはダメだな」と感じている人はいっぱいいます。でも、どこがどうダメで、どこがどういうふうに崩れてゆくことになるのかはわからない。

　省庁や企業の中にいる人たちだって、「このままではもう長くは持たない」ことはわかっていると思います。

でも、とりあえず自分が停年を迎えて、満額の退職金をもらえるまでこの制度が持てば、とりあえずわが身は安心です。

いまここで「このままではうちの組織は長くは持たない。いまのうちに何とか手を打たなければ」ということを言い出して立ち上がると、「どうしてこんなになるまで放っておいたのか」とまわりからは責任を問われます。「お前が自分でそう言ったんだから、責任とってちゃんと直せよな」と責められて仕事が増える。

責任を問われ、仕事は増えるけれど、これほど長く放置してきたせいで腐りきった組織を一人二人の努力で改善することなんかできるはずがありません。

それなら、あとちょっとだけこのまま知らぬ顔で放っておいて、自分ひとりそっと逃げ出す方が個人的には賢明だよなということになる。

日本中の組織でいま、そういうことがあらゆるレベルで起きています。

日本のシステムは危機的状況です。でも、「危機的状況」と言いながら、すぐに前言撤回するのもなんですけれど、「そういうこと」って、歴史上何度もあったことなんです。

だから、過度に悲観的になる必要はありません。

日本にはまだまだ美しい山河や、自然環境が守られています。水もきれいだし、大気もきれいです。温帯モンスーンの温順な気候で、植物相も動物相も豊かです。列島に暮らす人たちが食べていけるだけの農産物を創り出す力は十分にあります。

ですから、屋根の下で暖かいふとんで寝られて、三食きちんと食べられて、知的な活動や芸術的な活動のための時間があるなら、それは十分に「豊かな社会」だと言ってよいと僕は思います。

なくなっても仕方がないものはなくなる。なくなっては困るものは残る。

これからるんちゃんたちの世代は「ほんとうに要るもの」と「なくなってもいいもの」の切り分けをすることになると思います。

僕が相模原の家を出て、駒場寮に入ったとき、僕の荷物は兄貴の運転する軽トラックの荷台に詰めました。着替えを入れた小さなたんすが一つ、本を入れた段ボールが一つ、あとは電気スタンドとお茶碗とマグカップくらいでした。それだけの荷物で、大学の最初の3年間を過ごしました。

でも、よく音楽を聴いていたし、本も読んでいたし、映画や芝居も観ていたし、友だちともあちこち走り回って遊んでいたし、文化的にはかなり生産的で刺激的な生活を過ごしていました。

いまはそのときのたぶん100倍くらい家財が増えたはずですけれど、19歳のときと文化的な豊かさではそれほど変わりがないです。

「豊かさとは何か?」という定型的な問いがよくなされますけれど、改めて考えると、ほんとうに豊かさって何だろうと思います。とりあえず「ものがたくさんある」ことではなさそうです。


その意味で、るんちゃんが書いてくれた「ママさん」の話は経済活動の本質についての教訓を含んでいると思います。

たしかに、経済活動って「そういうもの」なんですよ。

1964年公開の『乱れる』(監督:成瀬巳喜男、出演:高峰秀子、加山雄三)という映画があります(すごく面白い映画なので、機会があればぜひご覧ください)。

映画は、地方都市に大型スーパーが出店してきたせいで、古くからある商店街の客がいなくなって、どの店も経営危機に陥る……というところから始まるんです。売り上げが立たなくなって、自殺する商店主さえいる。

僕はこの映画を上映当時は見ていなくて、10年ほど前にDVDで観たんですが、ちょっと感動したんです。

商店街すごい、って。

だって、これ1964年の話なんですよ！　55年前ですよ。

それからずっと日本中の商店街は大型スーパーやチェーン店ときびしい後退戦を戦い続けている。21世紀になっても、まだ「同じ問題」を先送りしている。

すごいと思いませんか？　映画の中では、もう数年で日本から商店街というようなものは消えるんじゃないか……というくらいに切羽詰まっていたんです。


商店街が成り立つ条件はシンプルです。

お店をやっている人は、要るものは、よそより割高でも、同じ商店街の中の店で買う。食品でも、衣料品でも、薬品でも、文房具でも、商店街の隣の店で買う。

同じ商店街の中で同じお金がただぐるぐる回っているだけなんですけれど、そのおかげで商店街の店がどれも閉めずに済む。そして、閉めずに営業していると、そこに「通りすがりの人」が来るチャンスがある。

商店街に利益をもたらすのは、この「通りすがりの人」たちなんです。

そのためには、商店街のお店が全部「なんとかやっていけている」のでないといけない。

日本の商店街が潰れ始めたのは、商店街の人たちが隣近所で買い物をしなくなったからです。

スーパーの方が品ぞろえがいいし、安いんですから、「消費者マインド」で考えたら、隣の店から買うよりは、スーパーで買う方が賢明です。でも、その短期的な「賢さ」が自分たちの生活基盤そのものを掘り崩していることに気がつかないなら、それはぜんぜん「賢く」ないです。

るんちゃんのバイト先のママさんは、経済活動の本質が「ある経済圏内でのお金と商品・サービスの移動」であることを見抜いているわけですね。

これを「花見酒経済」と笑う人がいますけれど、「花見酒経済」を侮ってはなりません。

るんちゃんはご存じかな、「花見酒」という落語があります。

幼馴染の二人が向島の桜が満開というので花見に繰り出します。人出を当て込んで、小商いをしようと、横丁の酒屋からお酒を三升借りました。これを酔客たちに柄杓《ひしゃく》一杯十銭で売ろうというのです。

向島に着いてみると、案の定花見客で大にぎわい。

樽を置いたけれど、先ほどからずっと銘酒の芳香を嗅いできたので、もうたまらない。弟分が「がまんできねえ、兄貴一杯売ってくれ」と十銭差し出して、柄杓一杯のお酒を頂きました。

それを見ていたら兄貴も我慢できず、「一杯売ってくれ」といまもらった十銭を出してお酒を頂く……それを見てる弟分も「がまんできねえ、兄貴もう一杯売ってくれ……」(以下続く)。

二人で三升飲み干して、財布を探ると十銭玉が一つきり。

というオチなんですけれど、面白いのは、二人がべろんべろんになっているのを見て「美味そうな酒を飲んでやがる」というのでお客さんが集まって来るというところなんです。

そして「おう、柄杓一杯売ってくれ」と注文が来たところで「もうありません」。

ということは、このときに樽の中に一升でも残っていれば、たぶん二人は収支トントンくらいのところで収められた。二升も残っていたら利益が出たということです。

最初の十銭のやりとりは少しの利益ももたらさない「花見酒経済」なんですけれど、そのやりとりでそこに二人の「いい機嫌」の酔っぱらいが仕上がると、それにつられて人が集まってくる。

その人たちが「がまんできねえ、一杯売ってくれ」と言い出したところから経済活動はその第二段に入る。

そういうものだと思うんです。

凱風館も一種の「花見酒経済」だと思います。

お金は身内の間をぐるぐる回っているだけです。

みんなが出してくれた合気道や寺子屋ゼミの御月謝が僕の懐に入る。読者からの「喜捨」である書籍の印税が入る。僕はそれを使って、みんなのためにあれこれと道場で要るものを調えたり、書生に給料を払ったり、起業する人に出資したりする。そうこうしていると「凱風館まわりはなんだかずいぶん賑やかだなあ」ということになって、人がやってくる。その人たちがまた「凱風館経済圏」に新たなプレイヤーとして参加してゆく。

そういう経済圏がある程度の規模になると、ほぼ必要なものが必要なときに手に入る仕組みができる。赤ちゃんを預かってもらうとか、パソコンの設定をしてもらうとか、専門医を紹介してもらうとか、子ども服をもらうとか、故郷から送ってきた野菜を分けるとか……市場でお金を出して買おうとするとかなり高額なものも、無償で手に入る。必要なものが必要なときに手に入るなら、それで十分に「豊かな生活」だと言えるんじゃないかと僕は思います。

僕のところにはけっこうお金がたくさん集まってきます。

それは僕のところにお金が集まると、お金がよく運動することがお金の方にもわかっているからだと僕は考えています。

貨幣の本質は運動性です。

当たり前ですよね。

貨幣って、使用価値ゼロの商品ですから。メモにもできないし、洟《はな》もかめない。「ただちに何かと交換する以外に持っていても仕方がないもの」なんです。

だから、僕はお金が入ってきたら、ただちに「何かと交換する」。

その場合の交換の相手の条件は、その人もまた「僕から入ってきたお金をただちに何かと交換する」ということです。

お金を貯め込んでしまう人にはお金を渡しても仕方がない。そこで貨幣の運動は停滞してしまうから。

よく貨幣はサッカーのボールに喩えられます。

ボールそのものには何の価値もありません。価値があるのは、それをいかに独創的で、意外性のある仕方で「次のプレイヤーにパスするか」です。

ボールを抱え込んで、試合が終わっても離さないプレイヤーがいたら（いませんけれど）、彼がボールゲームの本質をまったく理解していないことはわかります。

貨幣を貯め込む人間というのはそれと同じです。

どれだけファンタスティックなパスを次のプレイヤーに送ることができるか。「ボール」をパスされたときに僕たちはそれだけに集中すべきだと思います。

もちろん、その前にまず「屋根のあるところに住んで……」という基本的な欲求は満たさなければいけないけれど、「まあ、要るものはだいたい揃ったかな」と思ったら、残りは「パス」に回す。

僕のところになんだか偏ってお金が集まって来るのは、たぶん「そういう使い方があったか……」と人が驚くような使い方をするからじゃないかと思います。僕にとってさしあたり実利がないけれど、「こういうものがあった方がいい」というものには惜しまずお金を使います。

貨幣の本質は運動性ですから、「運動させてもらえる」と思ったら、そこに集まってきます。貨幣は退屈がりですから、「思いがけない使い道」に投じられると思うと、そこに集まってきます。

ほんとですよ。

お金は貯め込むのが一番その本性に反しているんです。

そんなことのために発明されたものじゃないんですから。

武蔵小山はまだ商店街が生き残っている東京でもなかなか珍しい街ですけれど、それはるんちゃんのバイト先のママさんみたいな「経済活動の本質」を理解している人が残っているからだと思います。

追伸

「資本主義の次はアイドル主義だ」というのは面白いアイディアですね！

それに似たアイディアを以前岡田〝オタキング〟斗司夫《としお》さんから聞いたことがありま

す。

彼の場合は、岡田斗司夫「社長」に社員たちが給料を払うという仕組みです。社員一人が毎月1万円社長に払う。

社長に給料を払っても、物質的な見返りはないんですけれど、その代わりに社長は自分の生活を心配せずに、好きなことができる。社員たちの期待に応えて、収支を度外視して好きに講演をしたり、本を出したり、イベントをしたりできる。社員たちはそれに「参加する権利」を手に入れる。

そういうアイディアでした。

僕がお会いしたときは、社員が２００人いたそうですので、月収２００万円。けっこうなものですよね。

実際に僕との対談の席にも、なんだかよくわからないお兄さんたちが何人も来ていて、「この方たちは？」と訊いたら「社員です」というお答えでした。「彼らは社長のする活動にコミットする権利があるのです」って。

果たしてその後、岡田さんの計画通りに、相互支援的な共同体ができたのかどうかはわかりませんけれど、「この人に活躍してもらいたい」と思う人たちが集まって、私財を投じて活動を支援するというアイディア自体はとてもよいものだと僕は思います。

17 親が子に与えるのは、「愛」「恐怖」の二択か？

内田るん ⇐ 内田　樹

お父さんへ

唐突に夏日がやってきましたね。夏服にサングラス、それに日傘をさす人も増えてきました。最近では「男性用日傘」も売られていて、とても良いことだなと思います。「男性用」という前置きも不要になると、さらに良いですが。

お父さんにはまだ話してなかったかも知れませんが、私は2〜3年前から「(気分)るんるん服」という名義で、アパレル活動をしています。アパレル、というか思想活動、啓蒙活動です。

ご存じのように私はフェミニストで、人生のあり方や言葉遣い、そして着る服までもが、生まれ持った身体的な性別で決められたり、制限されたりするのは、人間の基本的人権を侵害していると考えています。でも現代の日本では、衣類を買うときにも銭湯のように「男／女」で売り場が分かれて、売られているものも違います。
私自身、男性用衣類も普段から買うし、着ています。私は気分が変わりやすいので、ひらひらのロングスカートを着たい日もあれば、男性ものオーバーサイズのTシャツに、膝が破けたデニムで出かけたい日もあります。その日その日の「自分」が無数にいる、というか、人間は日々ちょっとずつ変化していくものだと思うので、服装やアクセサリーなどの身につけるものも、その日の感覚に合わせて正確にコーディネートできた方が気持ちが落ち着きます。精神と一致した服装は心地良いし、自信になります。私はそう思うし、すべての人にそうすることが許されるべきだと思います。

しかし実際には、日本では男性の「着ることができる服」の選択肢が少な過ぎます。男性向けのスカートとか、フリルやレースを使った服がまだまだ一般的でないのも不満なのに、それ以前に既存の紳士物アイテムですら、「色」と「柄」の選択肢が異常に少ない（と感じます）。ユニクロに行っても無印良品に行っても、メンズ衣料のコーナーは全体的にトーンが暗く、くすんでいます。せいぜい夏物で、ところどころに赤やオレンジなどのビビッドな単色カラーのTシャツやスポーツウェアがある程度。レディースフロアにあるような、淡いラベンダーやミントグリーンなどのパステルな色味はほとんど無いし（真夏用のリネンシャツだと時々ありますが）、柄物も少なく、配色も地味だったりします。ハイブランドやセレクトショップなどを探せば、紳士物でも華やかな色味や、小花柄の開襟シャツなどが多少は売られていますが……。でもそういうお店でお買い物をするには、まあまあな額のお金と、「おしゃれをする勇気」が必要なんです。

別に「おしゃれな人だと思われたい」わけじゃなくても、「可愛い服を着たい」という気持ちは誰しもあると思うし、それは男性も同じだと思うのです。それなのにいつまでも、黒や紺の「無難」な服ばかり売り続ける日本の日用衣類メーカーは、時代が変わっていくことから目を背けて、自分たちの未来の選択肢を削り続けているのでしょう。っていうか去年売れたからって今年も似たような服を作って売っても、みんなもう買っているから今年は買わないっての。

そんなわけで、私は「男性にも華やかな色味の服を！　可愛い柄物を！　それも安価に！」というテーマで、リサイクル古着屋さんやファストファッションブランドで可愛いメンズ服を500円前後で買い集め、それをライブ会場などで（古着は洗濯代として100〜300円上乗せしますが）、ほぼ仕入れ値で男性に売るという活動を、「（気分）るんるん服」と称してやっているのです。あまりにささやかな抵抗運動ですが、それこそ自分の身の回りの男性だけでも、オシャレを楽しみ、自分の気分に合った服を着て過ごせるようになってくれたら、私自身も一緒に居て息がしやすいのです。

ていうか本当にこれは深刻な問題だと思うんですが、東京で電車に乗って周りを見回すと、女性も男性も暗くて地味な色味の服を着てる人が圧倒的に多いです。特に冬は、黒いコートや黒いダウンばっかりで、車内がモノトーンです。お葬式みたいです。明らかに近年の日本人は、若い人でも暗い色味やくすんだ色味の服を着る傾向にあります。何年か前に初めて台湾旅行に行ったときに気がついたのですが、向こうではベージュやグレーの夏服なんか着てる若い女性なんて、ほとんど見かけませんでした。だから「日本人女子ファッション」は目立つらしく、一目で「日本人ですか？」と訊かれます。日本の不景気、というか経済的に絶望的な状況が、庶民の服装にも反映しているのかも知れませんが、逆に庶民の服装を明るく変えれば、風通しが良くなり、景気の流れも良くなっていくのではないか、と私は淡い希望を持っています……。

お父さんは「日本にはまだまだ美しい山河や、自然環境が守られています。水もきれいだし、大気もきれいです。温帯モンスーンの温順な気候で、植物相も動物相も豊かです。列島に暮らす人たちが食べていけるだけの農産物を創り出す力は十分にあります」と書いていましたね。

確かに実際に都市を離れて京都の美山町や、母の実家のある岐阜の郡上八幡《ぐじょうはちまん》なんかに行くと、私もついついそんな風に思ってしまいますが、それは自然の広大さや偉大さに圧倒された小さな人間の楽観的な考えという気がします。海はあんなに大きいのに、人間が小さなゴミをコツコツ捨て続けることで汚れてしまったし、南米では日本の面積の何百倍もある森が開発と伐採で消えていきました。100年あれば人間は地球を食べ尽くせる。我々の貪欲さは自然の偉大さを超えています。

それに日本には原発と放射能の問題がありますし、福島の放射能や海水の汚染によって健康被害がどの程度出るのか、日本の農作物は本当に安全なのか、まだこれから数十年かけてわかってくる問題だと思います。気候もどんどんおかしくなっていますし、これは日本だけの問題ではなく、世界全体の問題です。2018年は台風が異常発生し、岡山の水害など、歴史的災害がたくさんありました。生態系を破壊する外来種動物の大繁殖なども含め、さまざまな要因で、人の生活圏が狭まっていってます。

結局、世界は一つなんです。日本の国土だけが豊かなら大丈夫、ということはないと思います。世界全体の中での日本の国土についてもっと細やかに考えねばならないと同時に、「この国にいつまでもしがみついているわけにはいかないかも知れない」と、そう思っていないといけない、と私は思います。日本人が国土を捨て、移民や難民となる……そういう未来も頭の片隅に入れておかねば。

お父さんは自分のフットワークの軽さや、頭の回転の速さや記憶力・判断力を基準に「普通」を考えるところがあると思います。でも私の目には、人間って、そんな風に「理に適った生き方」なんて、全然できないように見えます。「こうすれば良いのに」と思ったとおりに動ける人はごくわずかで、正しい道がわかっているのに、破綻が近づいてるとわかっているのに、自分の意志では何も決められない。はたから見れば「そんなことしたって自分が損するだけじゃないか」って思われるようなことしかできない、頭でそれがわかっていても、何もできないってくらい、その場だけの感情や「空気」に支配されて、どんどん自分の立場を悪くし、孤立していくのが、「日本人のスタンダードな人生」になりつつある。排外的で悪意を撒《ま》き散らすツイッターアカウントのプロフィールによくある「普通の日本人」、あれは本当のことなんだと思います。だから日本という国は、いつ破綻してもおかしくない、というか破綻しつつありますし、それをぼんやりと待ってる、というのが国全体の空気でもあるように思えます。

現代の日本人には、「罪の意識」が強すぎる気がします。というか、「間違ったことをしてはいけない」という意識。自分の中にもそういう感覚、しっかりあります。でも「間違わない」なんてことは、絶対に誰にもできません。お父さんだってしょっちゅう失敗をしているし、用事を忘れるし、人に迷惑も心配もかけています。他人なんて存在する時点で、もう鬱陶しくて、迷惑をかけ合うものですよね。そもそも自分が存在しているのも、自分にとって迷惑だなと気づきます。お腹減るし、眠くなるし、欲深くて気難しいし、それでもなんとか生き延びさせてあげなくちゃいけない、できれば幸せにしてあげなくちゃいけない「自分」がいる……めんどくさいです。かと言って死にたくはない。生まれたくなかったわけでもない。でも重荷。

時々、親子連れを見かけると、子どもを持つことについて考えてしまいます。赤ちゃんは可愛いし、よその子どもでもジッと見ていると「なんでもしてあげたい！」って思うし、思うからこそ、実際にはしてあげられないことの多さを思うと、ツラくて涙が出そうになってしまいます。小さい子どもたちの、ほとんど決められてしまっている狭苦しい未来を思うと。人間という鋳型《いがた》に嵌められながら育てられた挙句、「自分らしさ」

「自分の意見」「自分だけの強み」なんかを求められ、それもまた別のステレオタイプな枠組みの中の「わかりやすさ」「受け入れられやすさ」に限定されていて……どのカテゴリーにおさまるか、それしか選ぶことができないなんて……ヤダヤダ！

私の子どもは奥深い山に連れて行って人類文明のしがらみから切り離して生きてもらいたい！　……ってそれも親のエゴだけれど。どうしたって、自分と社会との関係性が、子どもの人生に影響してしまう。

いま、『若草物語』を読み進めています（光文社から出てる麻生九美さんによる新訳版です）。最初は少女趣味というか、甘ったるい語り口や、「お国のために家族を戦争に差し出すことの美徳」のジェネレーションギャップなどに頭がクラクラしましたが、いまはベスが隣の家にピアノを弾きに行ったり、ジョーがエイミーに小説のノートを焼かれて怒りに我を忘れたりしているところで、かなり面白くなってきました。

私がジョーだったら本当にエイミーを殺しかねない。夫婦喧嘩の末にパートナーの大事にしているコレクションなどを捨てたりするなんて話をたまに聞きますが、よくそんな恐ろしいことができるなと驚きます。だって殺される可能性もあるじゃないですか？「そこまでのことはしないだろう」と足元を見た上でやるんでしょうが、人間の感情の拠り所なんて他人にはわからないものですから。エイミーの所業を知ったときには、私までゾゾっとしました。どうか、「殺してやらないと気が済まない」ほどに人を怒らせないで欲しい……。

嫌がらせって加減が難しいですよね。家族間のこういった感情のぶつけ合いも、一方的になったり、いつも「ワリを食う」メンバーが固定化してしまうと、虐待とか家族内イジメという状態になるのだと思います。『若草物語』のマーチ家のみなさんはとても自分の感情に素直で、気持ちのままに姉や妹に意地悪なことを言ってみたり、それで相手が気を悪くしたと感じたらすぐに「言い過ぎた！」「機嫌を直して欲しい！」と、自分の気持ちのために謝ったりフォローしてみたり。常に「いまの自分の気持ち」を優先し、そのためなら自分の言動をすぐに撤回しても良い、という基本的な約束があるかのようで、これは近年の日本には無いものだと思います。

国会議員などの「偉い人」たちも、失言が問題になるたびに「誤解を招く表現をした／誤解を与えたことは謝罪する」なんて言っていて。誤解なんてしていないし、あれでは「言い方が悪かっただけで内容は撤回しない」と開き直っているだけで、余計に不信感を招きます。あんな言い方で謝っているつもりなのでしょうか？　呆れてしまいますが、ただ素直に「あとから考えてみたら自分の発言は問題があった。撤回させて欲しい」って言えば良いのに……なんて思えるのは、「きちんと反省すれば自分をまた受け入れてくれる」と思える仲間を持つ人だけの特権なのかも知れません。

思想やスタイルで同調しないと「身内」に入れてもらえない人々、「従うこと」が参加条件のコミュニティしか知らない人々は、そもそも「自分の意見」なんて持たせてもらえない、自分の意志で発言できる場所なんてない、という感覚なのかも知れません。他人からの圧力で「言わされた」という感覚が、「なんで私が謝らなきゃいけないんだ」という不遜な態度を取らせているなら、彼らの誠意のない態度こそ、彼らがわずかに手元に残している「自由意志」なのかも知れません。

最近は『ツイン・ピークス』も観ていますが、人間の抱える根源的恐怖と人間愛についてのドラマだなと思います。よく、愛情の反対は無関心だとか憎しみだとか言いますが、このドラマを観ていると「愛」の反対は「恐怖」なのだと思いました。人間関係を動かすもの、人間同士の中でやりとりされるもの、集団動物としての機能を動かすガソリンのようなものは、「愛」か「恐怖」の二択なのだ、という話なのかなと。

親が子どもに与えるものも、愛と恐怖に二分されると思います。「子どものため」であっても、本人が幸福であるかは別問題なので、子どものために尽くしたのに恨まれてしまう親もたくさんいます。親が子どもに無関心でも、ひどい虐待をしていても、子どもは立派に育って、親を大事にすることもたくさんありますし。

生きていくことに正解はないし、子育てにも正解はないから、そういう意味ではすべての人が「不正解」の育てられ方の末に大人になったのに、私たちはいまだに「不正解」を恐れている。「間違うこと」や「正しくないこと」から逃げている。すべての親は子育てに失敗しているのに。そしてこれからも、人間は失敗し続けることがわかっているのに。「愛」と「正しさ」は、なんにも関係ないのに、どうしてなんでしょうね？

そんなモヤモヤがずっとあるので、「自分がどれくらい子育てに失敗されたた」のか、ネット上でアンケートの設問をいくつか投げかけることで、自分の親子関係について、読者の人にも一緒に考えてもらえたら面白いかなと思い、編集者さんに提案してみました。どうしても「自分ち」＝「普通」と感じてしまうものだけれど、どれくらい、世の中に「普通」の幅があるのか、具体的な事例や数字で、一緒に考えられたら面白いかな、と。

ではでは、お父さんも一緒に考えてください。
（アンケートの設問と結果は、２２４ページからです。）

追伸
『若草物語』の中に、「愛情は恐怖を追い払い、感謝のきもちは自尊心に打ち勝つものなのだ」という文章がありました。「愛」に相克する概念が「恐怖」なのは、アメリカ的な価値観なのでしょうか？

18 「人間は壊れ易い」のを知っていた戦争世代

内田るん ➡ 内田　樹

るんちゃん

こんにちは。もう夏ですね。僕は夏が大好きです。

真夏に半ズボンに半袖にスニーカー履いてサングラスかけて街を歩いていると、なんとなく高校生のときのようなハイな気分になります。

一番好きなのは、５月から６月の（ちょうどいまごろ）「だんだん夏が近づいてくる頃」です。子どもの頃の「もうすぐ夏休み」と指折り数えていた頃のわくわく感が深く身に浸み込んでいるんでしょう。

神戸女学院大学の中庭には小さな池がありますけれど（知ってるよね）、あのまわりに

6月になると白い花が咲きます。みんなは「夏休み草」と呼んでいました。その花が咲くと、「もうすぐ夏休み」だったからです。その頃は7月半ばには夏休みが始まっていたんです。でも、いまは半期15週の授業がうるさく義務づけられているので、夏休み草が茶色く枯れたあとになってもまだ授業をやっています。気の毒ですね。

「(気分) るんるん服」、いいですね。誰でも好きな恰好をすればいいと僕も思います。性別とか年齢とか国籍とか信教とか政治的立場とかで着る服が決められていたら、ずいぶん不自由でしょうからね。

僕はもうすぐ古稀ですけれど、着ている服は20歳の頃とそれほど変わりません(紫色のシャツとか、白いファーコートとか、手縫いのジーンズとか、ロンドンブーツとか、そういうものはさすがに着用しないようになりましたけれど)。

基本はずっとアメリカン・カジュアルです(るんちゃんと暮らしている頃はずっとL. L. Beanでしたけれど、最近はRalph Laurenです)。

服はデパートの紳士用品売り場で買います。

だって「 がらがら」だから。

ほとんどのデパートでは紳士服売り場って7階とか8階とか、すごく不便なところに追いやられていますす。それも当然で、ぜんぜん客が入ってないのです。いつ行っても客より従業員の方が多い。とんでもない採算不芳部門なのに、それでも閉鎖しないのは、デパートの「意地」なんでしょうね。

僕はご存じの通り、人が多いところが大嫌いなので、デパートの紳士服売り場は心が落ち着く数少ない場所の一つです。

そこで3ヵ月に1回くらい服をまとめ買いします。

3ヵ月分なので、けっこう多めに買います。お店に入って、ざっと見回して、「目が合った」服があれば、買う。それだけです。アイテムの選択に要する時間が5分を超えることはまずありません。仕方がないんです。昔からそうなんです。「ウィンドーショッピング」ということをしたことがない。

デパートに行く、買う、帰る。おしまい。

かえりみちにちょっとお茶するとか、ちょっと遠回りして街をぶらつくとか、そういうことはしないのです。

るんちゃんご存じの通り、僕は重度の「出不精」で、「散歩できない病」です。だから、A地点から目的地であるB地点まで最短時間で移動するという以外のことができないのです。

僕は車の運転も大好きですけれど、「ああ、今日はいい天気だな、ちょっと車で遠出してみるか……」というようなことはしたことがありません。ほんとに一度もないんです。るんちゃんと二人暮らしし始めた頃は、楽しいかな……と思って、ときどきトライしてましたけど、るんちゃんが家を出て行って、一人暮らしになってからあとは、再婚してからも、そういう「ふらっと旅に出る」ということは一度もありません。

この病的傾向がるんちゃんには遺伝していないようなので、ほっとしています。

人間は理にかなった生き方なんかできないというのは、まったくその通りだと思います。別に僕は自分が「理にかなった生き方」をしているとは思いませんけれど、子どもの頃から、まわりの子どもたちを見て、「どうして、こんな変なことをするんだろう？」と思うことが何度もありました。「ねえ、どうしてそんな変なことを、みんなするの？」と訊いても、誰も納得のゆく答えをしてくれない。

「だって、みんなやってるから」というのがいつもの答えでした。

だから、僕は5歳くらいのときから、「みんながやっているから」ということは、ある行動の当否の判断基準にはならないんじゃないか。「みんな」が間違うということだって、あるんじゃないか、そういうふうに思っていました。

5歳というはっきりした日付がわかるのは、その頃に保育園に通っていて、そこで「冤罪《えんざい》」で叱られたことがあったからです。

何があったか覚えていませんけれど、園児たち4、5人がいたずらをして先生に叱られました。

僕には叱られる理由がなかった。たまたま、その場に居合わせただけなのに、「あなたたち！」というふうにまとめて叱られた。

保育時間が終わって家に帰る時間になっても、「居残りです」と言われた。あとの園児たちはしくしく泣き出しました。僕は自分が悪いことをしていないのに叱られることが納得行かなくて、憮然《ぶぜん》とした顔をしておりました。

先生が来て「反省しましたか？　反省したら帰っていいです」と言ったら、みんな「反省します」と答えました。僕は「反省することがありません」と言い返しました。

そのままひとしきり先生と僕の根比べがあって、最終的に先生が「なんて強情な子だろう」と言い捨てて、全員解放されました。

お前がさっさと謝ってしまえばはやく済んだのに、お前のせいで長引いた、と他の園児たちからは恨めしげな目をされましたけれど、「みんながやるから、不本意ながら自分も」というふうに考えることができないのです。

これも僕の病的傾向だと思います。

これはちょっとるんちゃんにも遺伝しちゃったかも知れませんね。それで、生きにくいことがあるとしたら、申し訳なく思います。

いまの子どもたちを見て、るんちゃんが「子どもなんか持ちたくない」と思う気持ちはわかります。僕がいまるんちゃんの年だったら、やっぱりそう思ったかも知れません。自分の手が届く範囲に限れば、自由に育てられるけれど、やっぱり学校には行かないといけないし、この社会で生きるためには同世代の友だちとも付き合わないといけない。そのときに「周りとは考え方も、生き方も全然違う」子どもであることはずいぶんきついだろうと思うからです。

僕はそんなにつらくなかった。僕が育ったのは、「変である」ことに対して許容度がいまよりずいぶんゆるい時代だったからです。それはたぶん戦争のせいだと思います。

男の大人たちはおおかたが戦争や軍隊を経験していました。だから、人間がどれくらい壊れやすいか、どれくらい残虐になれるか、どれくらい狂うか……そういうことを実際に見聞したわけです。極限的状況になったら、多くの人が「ふつうでなくなる」ということを経験的に知っていたのだと思います。だから、「ふつうになれ」という圧力が希薄だった。そんなこと求めても意味がないと思っていたのかも知れません。

でも、平和で繁栄した時代が続いているうちに、「ふつうであること」への圧力はだんだん増してきました。それは戦中派がいなくなったからじゃないかと僕は思います。

戦後もう70年を過ぎて、戦争経験者もほとんど死に絶えました。それは戦争というのがどういうもので、その中で人間はどれくらい簡単に邪悪で愚鈍な生き物に変わるか（あるいはどれくらい自分の人間性や市民的常識を維持できるか）について熟知していた人たちがいなくなったということです。

人間は「すぐに狂うし、すぐに壊れる生き物だ」ということを知っている人は人間にあまり不自然な圧力をかけてはいけない……ということをわきまえている。

子どもたちに暴力をふるったり、非人間的な同質化圧力をかけたり「できる」大人がいますけれど、彼らはたぶん「人間は壊れ易い」ということをそれほど知らないのじゃないかと思います。

ときどき自分の子どもを殴ったり、蹴ったり、ベランダに放置したりして、殺して捕まる親たちがいてニュースになりますけれど、彼らに欠けているのは「優しさ」とか「思いやり」とかいう心性ではなくて、人間の脆さについての「知識」なんじゃないかと思います。

僕の知人に、自分の子どもを自分のやり方で育てるために「山の中」に行ってしまった人がいます。そのうちの子は学校にはふつうに通っています（山の中といっても、ちゃんと道路も通っているし、電気も来るところです）。でも、生まれてから一度も「薬」を服用したことがないし、医者に診せたこともないんだそうです。

その少年、透明感が高いので驚きました。

ただ身体の中にケミカルなものが入ってないというだけじゃなくて、制度的な「ふつう」に汚されていない感じがしました。そういう実験的な子育てをしている人たちが、いまはもう日本中にいるんだろうと思います。

『若草物語』面白いでしょ？　南北戦争の頃のアメリカ東海岸の敬虔なプロテスタントの一家の若い女の子たちの内面世界なんて、僕とあまりに縁遠い世界なので、「違和感」とか感じられなかったです（あまり遠すぎて！）。

マーチ家のみなさんはるんちゃんの言う通り、まず言いたいことを先に言って、そのリアクションを見てから、対症的に対応します。でも、これってアメリカの文化なんだと思います。あの国には「予防」という発想はあまりないんです。ことが起こる前に気配りをして、起こらないようにしておくという配慮に高い価値を賦与しない。というのは、予防的な気づかいが成功すると、「何も起こらない」わけですから、誰が何をしたのか、どういう功績があったのか、どういう失敗をしたのかが検証できない。アメリカは移民たちが作った国ですから、基本的に「出自の違う人たち」でも生きていけるように社会の仕組みが設計されている。だから、お互いの「内面」を想像したり、「以心伝心」で気持ちが通じたりということは前提に入っていないんです。そういうことを勘定に入れて制度設計していたら、トラブルばかりになるから。だから、「隣の人は何を考えているのかぜんぜんわからない」↓「ゆえに「何を考えているのか」を訊く」↓「訊かれたら答える」というわりと散文的なコミュニケーションになる。

日本人だと「ねえ、何を考えてるの?」という問いは、そういう相手の内面に関する問いを発することができるくらいの「親しさ」を表現するための修辞的な問いであって、ほんとうに何を考えているのかには特段の興味がないわけですけれど、たぶんアメリカの人は文字通りに「何を考えているのか400字以内でお願いします(ぜんぜん見当がつかないので)」というような感じで質問しているんじゃないかと思います。違うかも知れないけど。

るんちゃんが国会議員が失言を咎《とが》められると、「誤解を与えたのなら謝罪する」という定型的な言い訳をすることに怒っていましたけれど、あれも文章そのものの意味ではなくて、「私は謝らない（だって心に思っていたことを言っただけだし、これからも同じことを言い続けるつもりだから）」というメタメッセージの方がずっと優先的であって、聴いている方だって、そう聴き取っているんだと思います。あれはるんちゃんの言う通り、「身内」向けに「へへへ、オレ、謝ってないでしょ。タフでしょ、オレ」って言ってるんです。

日本人のメッセージでは、コンテンツよりも、それを差し出すときの発信者が「誰か」に対する親疎を示すことの方がたいせつなんだと思います。ネットでよく書かれる「ｗｗｗ」とかいうのも、別に当該論件についての異議を表明しているのではなく、「オレのこの冷笑的態度に共感してくれる人たちはみんなオレの友だちだよね（わ～い、オレには友だちいっぱいいるんだぞ！）」という「寂しさの告白」みたいなものじゃないかと僕は思っています。

るんちゃんからの追伸にこんな質問がありました。

『若草物語』の中に、「愛情は恐怖を追い払い、感謝のきもちは自尊心に打ち勝つ

ものなのだ」という文章がありました。「愛」に相克する概念が「恐怖」なのは、

アメリカ的な価値観なのでしょうか？

面白い表現ですね。アメリカの人は基本「孤立」なのです。自分のことは自分でやる。自分のことは自分で決める。自分の道は自分で切り開く。それだけ自由だということですし、自立できるだけの見識と能力が要るということです。素晴らしいことですけれど、それだけのきびしいタスクにどれだけの人が耐えられるか。僕はアメリカの人もけっこう「きついなあ」と思っているんじゃないかと想像します。

「恐怖」というのは「ひとりぼっちでいることの耐え難いさびしさ」のことじゃないかと思います。

「自尊心」は自分の人生の主宰者であることの自己肯定感です。

自由で自立している人は高い自己肯定感を持つことができます。でも、同時に誰にも依存できない、誰にも頼ることが許されないという孤独に蝕まれてもいます。

それがアメリカ人にとっての自尊心と恐怖ということじゃないでしょうか。

誰かに愛情を向けられると、「オレはひとりじゃない」というほっとした気持ちをもたらしてくれる。

「オレは誰にも頼らない（だから誰にも「ありがとう」と言わない）」という自尊心を持つ人間がついに「ありがとう」という「禁句」を口にしたときにも、やはりほっとした気持ちになる。

そのことを言ってるんじゃないかな。違ったらごめんね。

親子アンケートについての感想はこの次に書きます。

では。

19 愛しているお父さんへの「負い目」
——「親子ってなんなんだ?」読者アンケート

内田るん
⬅
内田　樹

お父さんへ

「もう夏ですね」というお返事が来てから10日、なんと、まだ寒いです。なんという長梅雨でしょう! あまりの湿度の高さに、体調不良になったり、気温差で風邪をひいた友人も多いです。とはいえ、ベットリと汗が肌に貼りつくような猛暑日よりはマシですが。フランスの夏みたいに、湿度が低くてカラッとしてれば、34度くらいまでなら夏らしさを楽しむ余裕が持てるんですけど……。去年、パリに連れていってもらってからもう1年ですね。つい先日のような気がします。一緒に参拝したノートルダムが、こないだ火事で燃えてしまったというニュースにはびっくりしましたね。あの立派な寺院が、いまはどうなっているのか。想像できません。パリでの散歩を思い出すと、地面が陽射しで白く光っていたのが目に浮かびます。あの土の感じは、少し神戸や芦屋に似てる気がします。関東ローム層と違って、関西のあのへんの土は乾いていて白っぽい。

お父さんの「直行&直帰」気質、……謎です。何故なら、お父さんは「おうち大好き」っ子だけど、そこまでインドア派でもないからです。スキーにキャンプに海に温泉、けっこうな頻度でアウトドアに出かけ、そしてレジャーを目一杯に楽しみ、へとへとに疲れて帰ってきて、「やっぱり家が一番！」という定番のセリフを、居間で缶ビールを開けながら、うふふ、と嬉しそうにつぶやく……という。「自分が根っからのインドア派」であることを、比較検討した上で再確認する、そのために頻繁に、アウトドアなレジャーを企画・開催しているかのようにも見えます。

私が見るところ、お父さんは、そういう風にアイデンティティを確認する作業が好きな気がします。有名で高級なお菓子を食べて「うわーさすが、美味しい！」と言ったあとに、生協で買ってきた安いドラ焼きを食べて「ん〜、やっぱりこっちのが好き！」と噛み締めたり、難解な芸術映画を鑑賞して「すごかったね」と感動したあとに、ハードボイルドでカッコいい主人公が悪をバッタバッタとなぎ倒す痛快アクション映画を観て「最高〜!!」とニコニコしたり。「世間が評価しているものを、自分でも確かめ、その魅力を理解してから公平な評価する」という一連の流れがないと、「理由なく好き」なものに安心して耽溺できない、という自分ルールがあるのかな？　といま、書いてて思いました。何事も相対的・客観的に捉えたい衝動というか……どうでしょう？

病的傾向、というよりは、一種のフェチ的な「行動・思考パターン」って誰でもあると思います。ある知人が、いつも5〜10分ほど遅刻する時間に家を出て、必ず走って現場に着く、という癖があると言っていて、「そうすることで、なんとなくその仕事のモチベが上がる気がするんだよね」と。「なんやそれ」と笑いつつ、でもなんとなくわかるなーと。というか私も「10分遅刻魔」なので。多分、無意識に何らかのパターンにとらわれてしまっているのだと思います。

あと、食事処でメニューと長いことにらめっこして、注文の段階になっても「あ、ちょっと待って、やっぱりこっちのBセット。いやいや、それともカツ丼……」とギリギリまで迷いがちな友人は、「え、だって、最善の選択をしたいじゃないですか」と言ってて。「や、別にそこまでしなくていいんじゃないか？」と思う場面でも、その考えに縛られていて、病的なようでもあるし、楽しんでいるようにも見えます。

誰にでも無意識に「こうあるべき」「こう考えねば」「これが素晴らしい」という刷り

込みはあって、その影響下で物事を決めたり、人の意見を解釈したりしていて、じつはみんな違うルールで動いているのに、同じゲームをしているつもりで生きているので、なかなか気持ちが通じなかったりするんだなって思います。

たとえば、親が褒めたものが自分の中で知らぬ間に価値が上がったり、逆に貶《けな》したものは理由がなくても悪印象を持ったり。そういうのって気づきにくいじゃないですか。身近な人の価値観や嗜好は無意識にどんどん刷り込まれていくし、自分の本能的な「好き／嫌い」や、生命体としての「強い／弱い」、「有利／不利」を基準にした評価、社会生活の中で押し付けられていく倫理や道徳、常識やルール……色々な価値観が自分の中に混在しながら積み上がっていくことは、よく考えてみると危うくて気味が悪いことです。でもそれ以外のやり方で「物事を判断する基準を作る」ことは、なかなかハードルが高いように思います。

他人の言動に対して「人間的には好きだけど、言ってることは間違ってると思う」「嫌いだけど筋が通っていると思う」みたいに、自分の好き嫌いとは別に価値基準を置くこと自体が、(特に日本では) 一般的ではない気がします。「好きなら全肯定しろ」「批判するなら敵だ」という、あまりにも乱暴で単純な線引きが、人間関係をかえって複雑怪奇にしてしまっているな、と。そういう価値観のすれ違いは、親子関係のような、存在が近すぎるために相手が視界いっぱいに大きく見えてしまうような盲目的な関係性の中で、特に大きな歪みを生んでしまうように思えます。

ではでは、親子アンケートの結果について触れていきましょう。お父さんはこのアンケート、回答してみました？　ここで答えなくてもいいので、回答者のつもりで目を通しておいてもらえると嬉しいです。なぜ今回このようなアンケートを取ったのかは、前回の書簡で書きましたが、「自分がどれくらい子育てに失敗された」のか、設問を手掛かりに、お父さんにも、読んでる方にも振り返って欲しいと思ったからです。なので、何かしらの具体的な数字を出したいとか、お父さんの読者の方々やツイッターのフォロワーさんの家族関係の傾向を調査したかったわけではなく、読者のみなさんにもこの本に一緒に参加してもらい、「親子ってなんなんだ?」と一緒に考えてもらいたかったのです。

（いま、この本を読んでくれている方は、まず設問に目を通してから、ここから先を読み進めて欲しいです。）

アンケートは、基本は選択式にしましたが、「このアンケートについて」の自由回答の中に「答えにくい設問があった」「当てはまる選択肢がなかった」という意見が多くありました。編集者さんとの話し合いで、設問数や回答数はタイトにまとめた方が良いだろうと、狭い枠の中で考えて回答していただくことになってしまいました。もっと練った設問や選択肢を用意できていたら、と思いますし、「自分はこのアンケートの対象外、想定外な存在なのでは」と少しでも思わせてしまっていたら、本当に申し訳ないです。

今回のアンケートは、実際にどんな家族関係があるのかの実態を調査する目的ではなく、設問を読んでいく中で、「そんな親もいるの？」「ほかの家では珍しいことなの？」と、「親子／家族の形って、自分の想像を超えるものがいっぱいあるのかも」と思ってもらいたいのが目的だったので、学術的な視点や態度も、アンケートとしての精度も欠けていたことを、どうかご容赦ください。アンケートにご協力、ご参加していただいた皆様、ありがとうございました！

自由回答の中に、「家族とのトラブル」という言葉が漠然としていて、具体的にどのレベルの問題を指すのかわからない、という10代の方からのご意見もありました。これも、「トラブル」という言葉が指すものは、人によって違うだろうなと、あえて曖昧な

4 家族と娯楽を共有できるか

回答		票数	%
テレビを一緒に観るくらい	親	8	6
	子	38	21
映画や本、その他深い趣味の話ができる	親	26	19
	子	17	9
一緒に旅行やショッピングなどできる	親	15	11
	子	34	19
上記すべてできる	親	79	59
	子	55	30
まったくできない	親	6	4
	子	37	20

5 家族と政治の話をするか

回答		票数	%
YES	親	98	73
	子	83	45
NO	親	13	10
	子	56	30
しようとすることはあるが、うまくいかない	親	23	17
	子	47	25

6 家族とSNSを共有しているか

回答		票数	%
気兼ねなく共有している	親	64	48
	子	31	17
一方的に見ている、あるいは一方的に見られているようだ	親	11	8
	子	23	13
まったくしていない	親	33	25
	子	95	52
SNSはやっていない	親	26	19
	子	32	18

親子アンケート

1 家族トラブルがあるか

回答		票数	%
常にある	親	7	5
	子	33	18
時々ある	親	43	32
	子	55	30
ない	親	79	59
	子	70	39
あまり交流がない	親	5	4
	子	23	13

2 家族の問題について率直に話し合えているか

回答		票数	%
いつも話し合えている	親	44	33
	子	22	12
話題によっては話し合えている	親	73	54
	子	72	40
あまり話し合えていない	親	14	10
	子	57	31
ほとんど会話がない	親	3	2
	子	30	17

3 (親)期待をかけすぎた／(子)期待を重荷に感じたことがあるか

回答		票数	%
YES	親	51	38
	子	74	41
NO	親	64	48
	子	78	43
あったが、いまはよかったと感じている	親	10	7
	子	19	10
なかったが、もっと期待をかけて／されてもよかった	親	9	7
	子	10	6

10 家族に身体的・精神的暴力をふるった／ふるわれたことがあるか

回答		票数	%
よくある	親	2	1
	子	16	9
時々ある	親	7	5
	子	15	8
子どもの頃はあった	親	47	35
	子	74	41
あまりない	親	78	58
	子	76	42

11 (親)成人した子どもが経済的に自立しているか (子)家族に経済的に援助をしている／されているか

回答		票数	%
(親) 自立している／(子) 援助されている	親	51	38
	子	60	33
(親) 自立しておらず、経済的に援助している／(子) 援助している	親	11	8
	子	14	8
(親) 自立していないが、援助していない／(子) どちらでもない	親	5	4
	子	107	59
(親) 子どもはまだ学生である	親	67	50

12 子どもが進路で自分の意向を聞き入れない場合に援助するか

回答		票数	%
経済的な援助はしない	親	3	2
困ったときだけ援助する	親	30	22
援助はするが口出しもする	親	34	25
好きにさせるし援助もする	親	67	50

13 家事、育児、介護の手伝いをしているか

回答		票数	%
家族に手助けしてもらっている	親	56	42
	子	37	20
家族を手助けしている	親	36	27
	子	36	20
どちらでもない	親	42	31
	子	108	60

7 家族の感覚や考え方が合わないと感じることがあるか

回答		票数	%
YES	親	36	27
	子	78	43
NO	親	39	29
	子	27	15
近い考えを持っているが、不信感もある	親	34	25
	子	46	25
考え方は対立しがちだが、大事な部分では折り合いがつく	親	25	19
	子	30	17

8 (親)子どもの友人関係を把握しているか (子)親に手紙やメールを無断で読まれたことがあるか

回答		票数	%
(親) 大体は把握しており、その子や保護者に連絡がつく/(子) YES	親	29	22
	子	39	22
(親) 少数だが把握しており、その子や保護者に連絡がつく/(子) NO	親	43	32
	子	98	54
(親) 心当たりはあるが、連絡先は知らない/(子) わからない	親	52	39
	子	44	24
(親) まったく把握していない	親	10	7
(親) 子どもに友人関係がない	親	0	0

9 子どものセクシャリティを把握しているか

回答		票数	%
把握しており、性や恋愛について真剣に話す機会が多い	親	25	19
把握していないが、性や恋愛について話したことがある	親	22	16
状況や会話などから、なんとなく察している	親	80	60
まったく把握できていない	親	7	5

14 年齢を重ねて家族への価値観は変化したか

回　答		票数	%
良い方に変化した	親	97	72
	子	101	56
悪い方に変化した	親	6	4
	子	35	19
変化していない	親	31	23
	子	45	25

15 家族とは今後どうしていきたいか

回　答		票数	%
ずっと仲良くしていきたい	親	72	54
	子	70	39
できれば縁を切りたい	親	0	0
	子	17	9
適度な距離を保って関係していきたい	親	62	46
	子	94	52

16 年代

回　答		票数	%
10代	親	0	0
	子	13	7
20代	親	2	1
	子	41	23
30代	親	5	4
	子	69	38
40代	親	33	25
	子	40	22
50代／50代以上	親	56	42
	子	17	9
60代	親	30	22
70代	親	8	6
80代以上	親	0	0

表現にしました。たまに口喧嘩したり、家族に不満があることを「トラブル」と数える人もいれば、家族内で借金、盗み、物品の強奪、暴力や嫌がらせが絶えない……けれど「どこの家も、こんなもんでしょう」と、やり過ごす家庭もあると思います。

私は「コミュニケーションができない」ということも、十分「トラブル」だと思います。意思疎通ができない、気持ちが伝わっている気がしない、連絡がつかない……。家族はみんな人間ですから、もしちゃんとしたコミュニケーションが取れていれば、大事な友人同士のように、お互いの気分が良いように譲り合い、大事なことを相談して話し合い、楽しいことを分かち合い、互いを支えていこうとする意識が持てるはずです。

でもいまこれを読んで、「ええ？　家族とそんなに仲良くするなんて、そんな人いるの？」って思った人も少なからずいると思います。「いや、そんなの当たり前じゃん。そうじゃない人間と一緒に暮らしていくなんて苦痛なだけでしょ？」ってなった人もいると思います。また、どっちにも当てはまらない人もいると思います。

「親子関係は究極のパワーハラスメントが生まれる閉鎖した血縁であることをつねに胆《きも》に銘じている」という、50代の方からのご意見を読み、（私の思う）「親子関係」の本質をわかりやすく表現してくださってるな、と。ですが私は、要の部分は「パワー」ではなく「情愛」なのではないかな、とも思いました。「言うことを聞かないと愛さないぞ」という、立場の上下とは別の、強い束縛と不安によって、子ども（または親）を支配していると思います。

話は少し逸れますが、私は両親が離婚したときに、すっかり精神的にめげてしまっていた両親にものすごく気を遣って、嘘ばっかり言っていました。そう言って欲しいんだろうな、と子どもながらに考えを巡らせ、相手が喜びそうなことをその場しのぎでベラベラと演説し、「だから安心して！」とフォローすることに熱心でした。でもいま思うと、そんな変なことをして嘘八百をついたツケが、その後の人生をめんどくさくて苦しいものにしてしまったと思います。愛している相手には、どうしても手加減してしまいがちです。これは相手が自分より弱く見えたときに起こりがちな現象で、逆の場合は「なんであああしてくれない、こうしてくれない」と不満を持ったりすると思います。

当時、離婚で精神的ショックを受けて、瀕死の子犬のようだったお父さんを憐れに思い、私はできるだけ自分の意見を譲っていました。でもお父さんは「小さな我が子が自分のために自分を押し殺している、自分がそうさせている」と、余計に自信を失ってしまったのでは、と思います。ある意味で私の「愛情」がお父さんを何年もスポイルしてしまったのだと反省しています。でもやっぱり、あのときはああするしかありませんでした。私は子どもだったし、お父さんは本当に精神的に参っていて、小さな私のワガママを聞いてあげるような余裕は持てなかった。かといって、私がお父さんを力づけてあげる方法なんて、6歳の頭で容易《たやす》く思いつくはずもなく、「正解」なんてなかったんだな、といまは思います。

お父さんは私にできる限りのことをしようとしてくれたし、私もお父さんを励まそうと思い、これ以上は悲しませないようにしなきゃと思ったけど、結果的には、10代の後半にギスギスした反抗期とディスコミュニケーションに陥ってしまったときに、私はお父さんを憐れんで嘘八百をついた負い目があるし、お父さんは幼い私に無理させた負い目があるから、お互いの存在をどこか怖がってしまって、解決のための対話も何もできなかった。高校を卒業して、私は逃げるように家を出て、そこでようやく、二人とも気持ちに余裕が持てるようになったけど、愛してる人間に対する「負い目」というものは、近くにいるとよく見えないものだから、ただただ、互いの存在が、自分を不安にするばかりだったと思います。

親子アンケートの結果に話を戻しますね。《子》として答えた人と、《親》として答えた人が分かれてしまった、というか《親》側の設問しか答えなかった方もいました。誰でも、誰かの《子》だったはずなのだから、人の親になった方や、次世代を見守る立場にいる方にこそ、自分と親の関係性を振り返ってもらえたら良かったなと思います。

書籍には残念ながら収録できませんでしたが、自由回答のご意見やメッセージを読み比べると、《子》から《親》に対するネガティブな感情は、「怒り」を主に、全体に愛憎が深いなと思いました。それに対して《親》から《子》へのネガティブな感情は、「諦め」を主とする「無関心」「恐怖」が感じられました。

また、小さなお子さんを持つ方は、「子どもは自分に対して隠し事をしていない」、「親である自分には嘘をつかない」と信じこんでいるようにも見えました。「えー？　小さい頃、親に嘘ついたこと、あるでしょ？」とツッコミたくなります。が、そういう想像力を放棄させて、「自分／我が子（他人）」という構図が存在しないかのように、子どもの方に気持ちが寄り添ってしまうのが、ある種の「親の愛」というものなのかも知れませんね。

先日、母に「私って、あなたの評価をすごく気にしてたのよね」と告白されました。

「子どもに評価されたい」という切実な感情が、親になると知らず知らずに芽生えてしまうのか、と驚きました。「評価されたい」という気持ちは、子ども側（私の方）だけが持つものかと思っていたので。なんだか人間って、ちゃんと自覚しないままだと、ずーっと家族の目を気にしてしまうものみたいで、情けないやら哀しいやら、愛おしいやらです。

しかし今回のアンケートの結果は、そんな「愛情ある関係性」が前提の「トラブル」ばかりではなく……想像していた通り、いや想像以上に殺伐としていました。結婚への反対、絶縁、病気、介護、虐待……。そして世の中には、子どもを生み育てる資格のない人間や（「資格」というよりも能力が無い人間、なのかも知れませんが）、「よく、こんな親の元で生きてきた／生きていけるな」と言いたくなる、過酷な状況に耐えている人が大勢いるんだな、と。

自分の周りにも、そういう家庭で育った人は何人かいるので（言わないだけで実際はもっといるかもですが）、そこまで驚きはしませんが、いまは「毒親」という概念で一般化してしまったこれらの問題は、現代特有のものなのか、それともずっと昔からありふれていた問題だったのか。社会がこれから先、向き合わねばならない大きな問題だと思います。そもそも、「子どもを育てる」という大がかりで長期的なプロジェクトを、

「親」だけで遂行するのは無理があるでしょう？　素人の人間二人だけで、最短18年かけて「健康な社会人」に成育していくなんて。犬とか猫とか、ペットをきちんと躾《しつけ》しながら、健康に育てるのだって難しいことなのに！

いま、自民党が改憲案に入れようとしている、「家族は互いに助け合わなければならない」って条項は、近親者だけで問題解決を強いて、社会全体で助ける義務を放棄するって言ってるようなものだと思うし、「〜しなければならない」と国民に対して義務を押し付ける形になっていて、「主権者である国民が、政府を縛る」ためのものである「憲法」の本来の目的や意義とかけ離れています。こんなとんでもない条文は絶対入れさせるわけにいきません。虐待されてきた子どもたちは親の世話なんかみないで、好きに自分の人生を生きることに専念して欲しい！　実際は難しくても、そうなって欲しい。

親が子どもの人生を利用して食い潰すことを、社会が許してはいけない。「育ててやった」なんて理由で自分の子どもを食い物にする人間に恩義を感じる必要はない。畜産家じゃあるまいし、「立派に育ててから食べよう」と、仔牛を可愛がるかのような育て方など、親が子に持つ愛情とは言えない。どんなに愛された記憶があっても、人生を奪われていい理由にはならない。子どもが親を愛していても、親が子どもを愛しているかは、わからない。それに、「愛しているままで、その人から逃げる」ってことも可能だと思う。とにかく、苦しかったらまず距離を置く！　物理的に無理なら、せめて精神的に。もしこの人が「赤の他人」だったら、どんな人間だと自分は評価するかしら……と。

途中から「お父さんへ」っていうより、読んでくれてる人に向けての手紙になってまったけど、でもお父さんに言いたいことでもあるのよ。お父さんも、「自分を愛してくれたはずの人々」に、あまりとらわれないで。

ではではまた。参院選が思ったよりマシな結果になって安堵しております。

20　親子の問題、解決のヒント

内田るん ➡ 内田　樹

るんちゃん

前の手紙をもらったのが7月24日で、今日が8月22日なので、1ヵ月も間を空けてしまいました。ごめんなさい。

「お盆進行」で7月末と8月始め、すごくスケジュールが立て込んでいたのであります。8月は例年のように鶴岡で法事があって、凱風館の海の家があって、お能の歌仙会（浴衣会のことを能の方ではそう言うんです）があって、ようやくこの数日時間に余裕が出てきて、たまった原稿を一つひとつ片付けているところです。

離婚直後に僕は「瀕死の子犬」のようでしたか。言い得て妙ですね。もうへろへろなんだけれど、日々のルーティンワークはそれでもこなさなくちゃいけない。なんだか、朝から晩まで「はあはあ」舌を出していたような気がします。
るんちゃんのこともすごく心配していたんですけれど、これから自分が一人で育てるのかと思うと、その責任の重さに呆然として、眠れない夜中に、ほんとうに必死になって神さまに祈ったことがあります。「ぼくのことはとりあえずいいですから、この子だけは無事に育つようにお守りください」って。あれほど真剣に神仏のご加護を求めたのは、あとにもさきにもあのときだけです。それくらいに自信をなくしていたんでしょうね。

だから、そのときにるんちゃんが僕の意見を優先してくれて、とりあえずは僕の思い通りになるように「嘘をついていた」というのをいまになって聴くと、「ごめんね」と「ありがとう」と両方の気持ちです。6歳の子どもにそこまで気を使わせたことは謝らなくちゃいけないんだけれど、るんちゃんに必死で気を使ってもらったおかげで、僕はなんとか最悪の時期を乗り切れたというのも事実なわけです。

僕にとっての生涯最悪の時期にるんちゃんが横にいてサポートしてくれたことには、ほんとうに感謝しています。30年も前のことですけれど、「ごめんなさい」と「ありがとう」という言葉は、一度言えば終わりというものじゃなくて、何度でも、繰り返しても言うべきことだと思います。

さて、親子アンケートについてのコメントですね。遅くなりましたけれど、僕の見解を述べてみます。

「家族トラブル」があるかというのは、るんちゃんの言う通り、トラブルをどう解釈するかで変わってくるでしょうね。ほとんど無言で交流がないというのを「トラブル」だと見るか「トラブルがない」と見るか、解釈は人によって変わります。罵声が飛び交う家庭でも、「相手にひどいことを言えるのは仲が良い証拠」というふうに勝手に解釈する人もいます。ほんとに。

ずっと前に南京町《なんきんまち》でお昼ご飯を一人で食べていたとき、相席になった若いカップルがご飯の間、最初から最後まで、ずっと相手の欠点をあげつらっていたことがありました（頼んだものが変だとか、食べ方がおかしいとか）。どうも「それくらい遠慮のないことが言えるくらいに親しい間柄だ」ということを周りにアピールしているようにも見えました。でも、当然、罵り合っているうちに、だんだん二人は険悪になってゆきましたけれど。

問1　トラブルの「ある」「ない」で「ない」の割合が親が59％、子が39％という差が出たのはその意味で徴候的な数字だと思います。子どもにとっては「トラブル」だと思えるものが親には「ふつう」に見える。コミュニケーションがないとか、日常的に無遠慮な言葉を浴びせかけるとか、まるで相互理解が成立していない……というようなことは、長く生きて来ると「ふつう」だと思うようになるんじゃないですか。だから、親の方が「異常」耐性が強くなる。職場の人間関係なんか「そんなのばかり」だったという人にとっては、それが「ふつう」とでも思わないとやっていけないということがあるのかも知れません。どうなんでしょう。

問2　家族の問題について率直に話し合えているかについては、僕の答えはもしかしたら少数派かも知れないけれど、「ノー」です。

どうしても話さなければいけないことがあれば話しますけれど、その場合も決して「率直」とは言えませんし、「問題」についてはできるだけ触れたくない。

家族に向かって「言いたいこと」って、ほとんどの場合「要求」だからです。こうして欲しい、ここをこう改めて欲しい、このことに気づいて欲しい……などなど。ですから、「ちょっと、いいかな。話したいことがあるんだけれど」という前置きを聴くと、それだけで「ぞっ」とするという人っていると思うんです。コミュニケーションすること自体が苦痛になってくる。

僕は家族に対する「要求」は（対親でも、対子どもでも、対配偶者でも）、できるだけ控えることにしています。

どんなことでも、本人が「やりたい」と思えばもちろんさくさくやるし、「やらなければならない」と思っていれば、いつかはやる。それを「しない」ということは、「やりたくない」のか「やらなければならないと思っていない」か、どちらかです。

それはどちらも、「外から言ってもどうしようもないこと」だと僕は思います。

だから、家の中のことで、自分でできることは人に頼まず自分で片付ける。自分の手ではできないことについてはさっぱり諦める。

ということにしてます。

それ以外のことについては、緊密な家庭内合意形成が必要だとは僕は思いません。

一人ひとりがどんなことを考えていてもいい。仮に僕がそれに違和感を覚えても、どうしても理解が及ばなくても、家族のメンバーがすることについては原則としてそれを受け入れ、できる範囲で支援する。

それが僕の採用しているルールです。

理解も共感もなくても、人は支え合うことができる。必要なのは、具体的に困った場合に、寝るところや食べるものや病気のときの手当を差し出すことだと思います。

るんちゃんは会ったことがないと思いますけれど、僕の父親は5人兄弟でした（もっといたんだけれど、僕が子どもの頃は5人でした）。

長兄は顕士さんという人で、お正月には兄弟の家族全員が長兄の家に集まりました。そのときに父をはじめとする弟たちが長兄に対してたいへん遠慮がちなので、「戦前の家父長制の遺制なのか。旧《ふる》いなあ」と思っていました。

でも、後年、この長兄が弟たちにどれくらい尽くしたのかを教えてもらいました。

戦争が終わったときに僕の父は長兄を頼って札幌の家に転がり込み、しばらく居候したあと、身支度を調え、いくばくかのお金をもらって、仕事を探しに東京に出てゆきました。父と長兄がとりわけ仲が良かったようには見えませんでした。だいたい父は19歳くらいで北海道を出て中国に渡り、敗戦まで十数年戻らなかったのですから、それほど親しいわけがない。でも、敗戦で無一物になって帰国した弟を長兄は無条件に支援した。

次兄は長崎で原爆に被爆して、次兄家族の伯母と二人の従兄はそのとき死にました。次兄も全身に火傷を負って入院していましたが、長兄は札幌から長崎まで敗戦直後の日本列島を縦断して弟を探しにゆき、焼け跡の病院で見つけ出して、背負って、札幌に連れ帰ったそうです。

顕士伯父さんはそういうことを、家長の義務として黙々と果たしていた。

内田家も家族としてはちゃんと機能していたのだと思います。

問3　親の期待については、僕自身はあまり基準にならないと思います。るんちゃんについて僕が期待していたことはとにかく「生きてくれていれば、それでいい」ということでした。「できたら愉快に」という条件までクリアーしてくれたら、僕としてはそれでもう十分です。

ときどき「お子さんに何を期待しますか？」と訊かれて「生きてくれていれば、それでいいです」と答えるとびっくりされることがあります。でも、ほんとにそうなんです。どういう学校に行って欲しいとか、どういう仕事に就いて欲しいとか、どういう人と結婚して欲しいとか、そういう「期待」は僕にはありません。それはるんちゃんが決めることだから。

問4　家族と娯楽はうちの場合はわりと一致点が多かったんじゃないかと思います。とくに音楽と映画とマンガは。マンガの場合はるんちゃんがお薦めするものを僕が読むというパターンで、映画は僕がるんちゃんにお薦めしていたと思います。

音楽では共通点もあったけれど（ポップスの趣味は一致していたんじゃないかな）、ジャズとかカントリーフレイバーの濃いものはるんちゃんにはあまり受けなかったような気がします（るんちゃんがいなくなって一人暮らしが始まった当初は部屋で大音量でニール・ヤングやフィービー・スノウをかけてましたから）。

問5　家族で政治の話をするか。これ、アンケートは親子差がすごいですね。親が73％で、子が30％。

親は政治の話をしているつもりなんだけれど、それは一方通行の「演説」であって、子どもとの「対話」になっていないということなのかも知れません。

うちはどうなんでしょう。

るんちゃんと政治的話題で「議論」したとか、怒って席を立ったとか、ちゃぶ台をひっくり返したとか……そういうことは一度もなかったですよね。

それは、家族で突っ込んだ政治の話をしたことはないということなのか、それとも政治的意見が大筋で一致しているので、剣呑な事態にならずに済んでいるということなのか。どっちなんでしょうね。

問6　家族とＳＮＳを共有しているか。

僕はるんちゃんのツイートを毎日見てます。でも、これは「共有」じゃないですね。アンケートでは、親は「共有している」と思っていて、子が「してない」と思っているという非対称性が面白いですね。親が知らないところで子どもたちはネットで活動しているということなんでしょうね（当然ですよね）。

問7　家族の考え方が前時代的・理解できない・合わないなどと思うか。

繰り返し言うように、家族の考え方が理解できなくても、別に構わないと僕は思います。

家族の間で完全なコミュニケーションが成立していることなんかあり得ないと思うし、重要なトピックで（政治や宗教やセックスについて）意見の一致があるべきだとも思いません。一人ひとり違う人間なんだから、違うことを考えているのが当然だと思う。違うことを考えている人間同士なんだけれど、困ったことがあったら助け合って、うれしいことがあったら一緒に喜ぶ……それで十分じゃないかと僕は思います。

問8　手紙やメールを無断で読まれたことがあるか／子どもの友人関係を把握しているか。

手紙やメールを読むのは憲法21条2項の「検閲は、これをしてはならない。通信の秘密は、これを侵してはならない」違反ですよ！

子どもの友人関係を「把握」するというのが何を意味するのか、僕にはよくわかりませんけれど、無理だと思います。

僕が親の家にいた頃でも、親は僕の友人の名前さえごく一部しか知らなかったし、家を出たあとはぜんぜん知りませんでした。同じように、るんちゃんの友人関係についても、小学校時代・中学校時代にうちに遊びに来ていた子たちの顔と名前はかろうじて覚えていますけれど、それくらいです。

問9　子どものセクシュアリティについて。

セクシュアリティについては、家族間でも触れてはいけない話題だと思います。少なくとも、僕は親にも子にも話題にして欲しくはありません。

でも、誰でも自分のセクシュアリティを冷静に見つめることは必要です。それについて率直に話すことができる人がどこかに一人いれば、それでいいんじゃないかな。

問10　ＤＶについて。

DVって、子どもの41％が経験しているんですか……そ、それはびっくり。

僕はるんちゃんをぶったことが一度あります。

るんちゃんがまだ3〜4歳の頃です。トイレのお掃除ブラシを持ち出して台所で振り回したので、「やめなさい！」と注意したのに、止めずにさらにぶんぶん振り回して、しぶきが僕の顔にかかったので、かっとなって、るんちゃんの頬をはたいたことがあります。

るんちゃんが火がついたように泣き出したので、はっと我に返りました。そのときに「二度と手をあげない」と自分に誓いました。かっとなって、ほんとにすみませんでした。

問11・問12　経済的自立について。

経済的自立は個人の決意でできることではなくて、景況とリンクしていると思います。

僕が学生の頃は、わりと簡単に親から自立できました。

国立大学の授業料が年間12000円の時代でしたから（月1000円です！）。バイトで2時間働いたら大学の月謝が払えた。大学1〜2年生の頃、僕は学習塾でバイトして、月に3〜4万円ほど稼いでいました。バイト仲間には実家に仕送りをしている学生さえいました。

いまはそんなの無理ですよね。大学に入るときには国公立だって100万円近い現金が要る。そんなものを自分の懐から出せる高校生はいません。

学校を出ても、半分近くは非正規雇用ですから、親が年金をつぎこんでも支援しないと子どもは暮らしていけない。そんなこといつまでも続くはずがない。どこかで親も死にます。その子どもたちは高齢になっても経済的に自立できないまま……ということがあり得ます。

これは政治と経済の問題ですから、個人の努力でどうこうできる範囲を超えていると思います。とりあえずは、比較的余裕のある家族のメンバーが他のメンバーを経済的に支援するということでいいと思います。それしかできないし。

問13　家事、育児、介護の手伝いをしているか。

「家族に手助けしてもらっている」も「家族を手助けしている」も親の方が多いですね（「手助けしてもらっている」は2倍以上）。ということは、「手助け」とは具体的な行為のことというより、そういう「感じ」のことなんでしょう。親は自分の生活を子どもが支えてくれていると思っており、子どもは親に支えられているとあまり思っていない……

という非対称性が浮かび上がってきます。なんか切ないですけれども、親たちだって、自分が子どものときはそうだったんだから、世の中、持ち回りです。

問14　年齢を重ねて家族への理解はどう変化したか。

ふつうは子どもが大きくなると家を出てゆくので、人間関係は穏やかになります。離れていて、ときどき（盆と正月とか）会うくらいの方が大人になってからの親子関係は安全だと思います。

子どもが成長したあとに親子関係が悪化したケースでは、たぶん親子関係が何らかの理由で密着し過ぎているのだと思います。同居しているか、経済的に依存しているのか、「介護−被介護」という関係にあるのか、いろいろなケースがあるでしょうけれど、近すぎる親子関係はむずかしいです。

でも、いまは子どもは家から出たいけれど出ることができないという「不本意同居」のケースが多いんじゃないかと思います。気の毒です。

問15　家族とは今後どうしていきたいか。

ふだんは適度な距離を保って、あまり干渉しないけれど、困ったことがあったら助けるということでいいんじゃないかと思います。
「便りがないのは無事のしるし」というじゃないですか。
無事でいてくれるなら、便りがなくても、コミュニケーションがなくても、そんなに気にすることはないよという教えだと思います。

こう書くと、たぶん世間の人からは「ウチダって、ずいぶん薄情な親だな」と思われるかも知れません。

僕は「行蔵《こうぞう》は我に存す　毀誉《きよ》は人の主張　我に与らず　我に関せず」という勝海舟の言葉を座右の銘にしています。自分がしてきたことは自分で決めて、自分で選んでやってきたことであって、それをどう評価するかは人の領分のことであって、それが当たっているとか間違っているとか、そういうことは言わないものだ、ということです。

親子アンケートの結果について、僕とるんちゃんの違いがどこから来たのかなと思ったのですけれど、僕はかなり早い時期に精神的な親とのつながりを断ってしまったので（中学生くらいのときに）、親ともめるということがほとんどなかったということです。
親に理解してもらおうという期待があまりなかったので、理解されなくてもとくに腹も立ちませんでした。
でも、僕の両親は僕が何を考えているのかうまく理解できなくて困っていましたけれど、僕が困っているときには（お金がなくて困ったというときですけれど）黙ってお金を出してくれました。「口は出さないが、金は出す親」というのが子どもにとっては一番ありがたいなあ……としみじみその頃感じたので、それが刷り込まれたんですね、きっと。

ではまた〜。

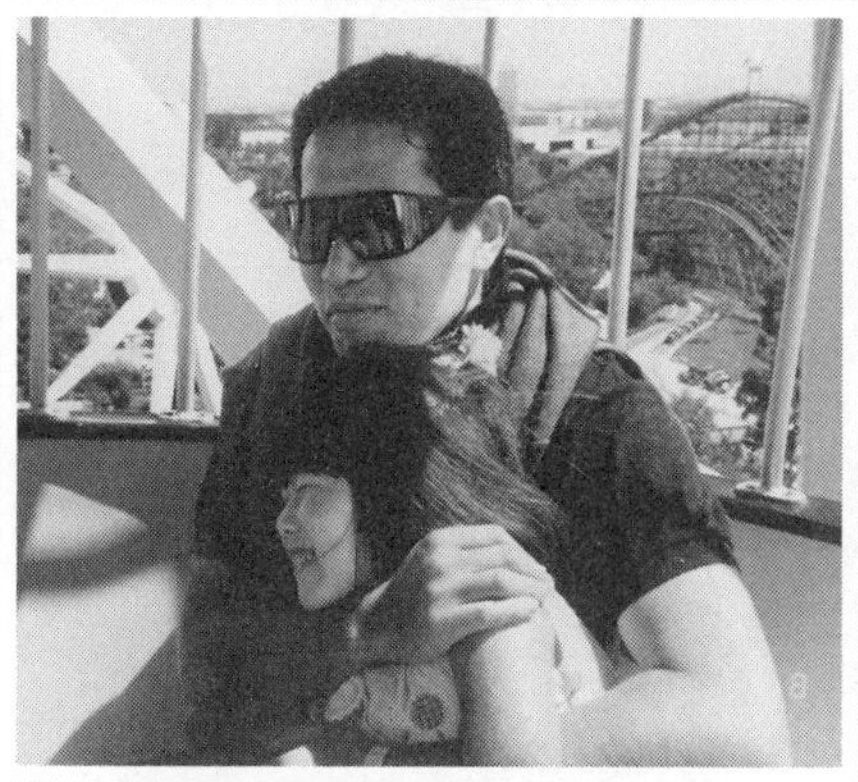

1988年8月。カリフォルニアズ・グレート・アメリカにて

内田るん ⇐ 内田 樹

21 二人だけの生活は大変なこともあったが……

お父さんへ

先日はバイト先の「スナック ペペルモコ」へご来店、ありがとうございました。店で一番高いボトルを自動的に入れさせていただきました（と言っても安い店なので、1万円程度ですが）。コルクが腐ってて開けるのに手間取ったけれど、なかなか美味しいお酒でしたね。まだだいぶ残ってるので、ちょくちょく来てください。弘子ママも「かっこいいパパじゃーん!!」と歓迎しております。ふっふっふ。

僕にとっての生涯最悪の時期にるんちゃんが横にいてサポートしてくれたことには、ほんとうに感謝しています。30年も前のことですけれど、「ごめんなさい」と「ありがとう」という言葉は、一度言えば終わりというものじゃなくて、何度でも、繰り返しても言うべきことだと思います。

……そんな風に思ってくれているなんて知りませんでした。そういう風に言ってもらえると、色々な後悔も、全部前向きに消化できる気がします。ありがとう。「お父さんを離婚のときにバッサリ捨てて、お父さん一人で身軽に新しい人生を再スタートさせてあげていた方が、お互いのためだったのでは？」という不安はずっとあったので。

二人だけの生活は色々大変なこともあったし、よその「お母さんの居る家庭」との環境の差や、同性の親でなくては教えられないようなこと（たとえば、世間でウケの良い、ある種の「武装」としてのお愛想や社交辞令やマナー、「女性らしい」仕草や言葉遣いや振舞いなど）を、自分だけ知らないというコンプレックスで苦しくなるたびに、自分が悪いのか、親が悪いのか、……誰も悪くないなんてことあるだろうかと、6歳のときの自分の判断を憎んでしまうこともありましたが、やっぱりこれで良かったと、いまはそう思えます。

親子アンケートの結果、面白かったですね。お父さんも自分が「子ども」としてのアンケートは答えてなかったので（ここでは書かなかっただけかもだけど）、人の親になると、「誰かの子」である自分より、「誰かの親」であることが先に来てしまいがちなんだな、と。私にはわからないので、面白いです。それにお父さんの家族観というものも、ちゃんと聞いたのは初めてな気がします。「親として、こうありたい」という主張は、一緒に暮らしてた頃に色々聞いてましたが、自分としては「ふーむ、なるほど……説得力があるなあ。まあ、「いや、私はお父ちゃまのその考えは賛同いたしかねる」と感じたところで、どうすることもできないけれど……」という気持ちでもありました。

政治の話題についても同様で、お父さんが晩御飯の席で毎晩演説してくれる色々な話を私は「ほほう〜なるほどね〜?」と、ご飯をかっこみながら聞いていただけなので、「政治的意見が大筋で一致している」わけでもなく、私にはまだ自分の意見や視点というものがなかっただけでしょう。あと、私が小中学校で受けた道徳教育がたいへんリベラルだったため、「日本社会は当然、父が語ってくれるのとそう変わらない、高い理想や理念を、まともな社会人なら誰もが共有しているのだろう」と、大きな誤解をし、政治や社会に対して疑問視するような感覚が当時はまだ芽生えてなかったのも大きいかもです。そもそも、「大人は愚かなことや不正義は行わない」と漠然と信じていました。

あぁ、なんて純情！

お父さんはアンケートへの感想の中で「家族と考え方が合わなくても別にいい」と言ってましたが、それは本当に理想だと思います。思想信条や宗教や支持政党が違っても、家族として恋人として支えあったり慈しみあうことへの障害にならない、というのは人間関係として素晴らしい在り方だと思います。しかしまさにいま、その理想がどこまで通せるか、その問題が迫っている時代だな、と感じます。

先日、仲の良い友人とお茶をしていて、こんな話になったのですが、「僕の友人の近しい人が、かつて嫌韓発言をしたことがあるらしくて、僕だったら、そんな発言を聞いた時点で、もうその相手との付き合いをやめてしまう。でも友人は、その発言をした人を心底嫌いになったり遠ざけたりせず、付き合いを続けている。僕は、人の弱い悪い部分を受け入れ難いけれど、彼のように情《なさけ》深い人は、相手のそういう側面も受け入れて、話し合ったり折り合ったりできるのか、と思った」と。

……難しい問題ですよね。私はレイシズムを掲げるような人というのは、社会生活の中で何かしら過酷な状況にあり、孤独に打ちひしがれて、そうせざる得ないのかな、と想像していましたが、そばで見守ってくれる友人がいるような人でも、何かの折にポロっと差別的な言葉が出てきてしまう……。それはもしかしたら環境的な刷り込みかも知れないし、悪質なウェブサイト等から一時的に影響を受けてしまっただけかも知れない。

でも、もし身近な人、家族や恋人や友人がレイシズム発言をしたり、選挙で「N国党」なんかに票を入れて面白がっているようなことがあったら、一体どうすればいいんだろうか？　私だったらどういう反応をしてしまうだろう？「正解」なんかないのだろうけど、許し難いことと、目の前の相手を拒絶したくないことは、どこで折り合いをつけたらいいのか。

以前、仲の良い友人が橋下徹支持を表明したので、それはあまりにも、彼女の面倒見の良さや寛容性と相反するので、「あなたが橋下なんかを支持するのは絶対に納得いかない。ただの不勉強としか思えない。ちゃんと考えてくれ」と、そのときは泣いて怒ってしまいました。私の場合は、その人の生き方や指針と一致しているなら構わないんです。たとえば「金こそパワー。正義など無意味。弱い者は惨めに死ぬ。それが嫌なら犯罪でもなんでもして生き残れ。人生は自己責任」というスタンスで普段からいる友人が（って、そんな人とは、なかなか友達になれそうもないけど）、橋下徹やいまの安倍政権を支持していても、別に怒ったりすることもないと思います。「あなたはそういう人だもんね」と。

私としては、その人の幸福や健康について、その人自身でちゃんと考えていて欲しい、自分に優しくあって欲しい、そうじゃないとずっと付き合ってはいけない、というのはあります。たとえば、「選挙に行かない」のって、私からすると「虫歯があるのに歯医者に行かない」みたいなことなんですよね。面倒くさいからって行かないでいると、いずれとんでもないことになるかも知れないのに、それを放置できちゃう人とは一緒に生きていけない。そんな生き方の人と付き合いを続けていたら、こっちまで影響を受けちゃうので。そういう「自分に対して無関心で不親切な生き方」には、私はあまり影響受けたくないです。いま現在も、未来も、できるだけ快適で快活で「愉快に生きて」いきたいです。お父さんが私にそう望むように。

じゃあ家族の誰かが歯医者に行かないとき、どこまで口を出すべきか。行った方が良いというプレゼンをどれほどしても「自分の身体のことだからほっておいてくれ。口を出さないで」と言われて、「その通りだね」と受け入れられるだろうか……。いや、私は絶対に「その後、虫歯どう？」って聞いてしまうし、「やっぱり行った方がいいよ」と意見してしまうと思う。そうでないなら疎遠になってしまい、「じゃあ好きにしろ！勝手に苦しめばいい！」と、相手に対して一切の愛情を持たないように、突き放してしまうと思う。愛している相手が苦しむ様は見たくないので……。

レイシズムも同様に、その人の人生を蝕むものだと私が感じたら、「頼むからやめてくれ」と懇願し続けてしまうし、やめてくれないなら縁を切ることになると思います。お父さんならどうでしょう？　もしも配偶者や、実の娘（私）が、レイシズムを醸し出したり、マルチ商法にハマったり、おかしな宗教に肩入れしだしたら？　きっとすごく苦しむと思うけれど、それでも「考え方が違ってもいい」と、グッと耐えて耐え忍ぶことが、身近な人との情愛に伴う葛藤、というものなのか……。それとも家族とは、他人とは、そもそもそれくらい深い溝ありきだと考えるべきなのか……。このへんは本当に人それぞれ、全部の人間関係に、全部、違う答えがあるのかも。

お父さんは自分が「子ども」だったときのことを振り返って、「僕はかなり早い時期に精神的な親とのつながりを断ってしまったので（中学生くらいのときに）、親ともめるということがほとんどなかったということです。親に理解してもらおうという期待があまりなかったので、理解されなくてもとくに腹も立ちませんでした」と書いていましたが、これはその時期に、何かそういうキッカケになったことがあったのでしょうか？　もしあったのなら是非、話せる範囲で教えてください。ではでは、また。

内田るん ➡ 内田　樹

22 スパイが語る「嘘の告白」、冬の北京、仕上がりのいい「物語」

るんちゃん　こんにちは。

前便頂いてから、またまた長い時間が空いてしまいました。すみません。でも、合間に「ぺぺルモコ」で会ってお酒飲んだり、古稀の祝いの二次会に来てもらったり、そもそも毎日ツイッター読んでるので、「久しくお会いしていない」という感じはしませんね。

数日前に編集者さんにお会いして、もう量的には十分なので、次の便あたりで往復書簡は「巻き」に入っていいですよと言って頂きました。最後に締めの「親子対談」なんかいかがでしょうかということを僕から提案しました。ムサコのセカンドハウスで大福でも食べながらやりましょうか（※『婦人公論』2020年6月9日発売号に掲載）。

この親子往復書簡本、いったい、どういう人たちが読むんでしょうね。うまく想像ができません。

僕がふだんものを書くときは、「想定読者」というのがいて、その人に思いが伝わるように、情理を尽くして語るということに努めています。兄ちゃんが生きているときは「徹君と平川君」が僕の想定読者でした。この二人にきちんと考えていることが伝わるように、面白がって読んでもらえるように、という条件で書いていました。

それは90年代にインターネットにエッセイを書き出したときから、ずっと変わりません。いまはもう兄ちゃんは死んでしまいましたけれど、「想定読者」というのは、別にそのつど書いたものについていちいち感想を聞く相手というわけじゃなくて、自分の書き物を「他者の視点」から点検するときの仮想的な人格なわけですから、生きていても、死者になっても機能そのものに変わりはないのです。

この書簡は当然ながら相手がるんちゃんなので、「るんちゃんに伝わるように」ということを最優先に配慮して書いています。ですから、るんちゃん以外の読者にどう受け止められるかということはほとんど考えていません。そういう書き物に果たして一般性があるのでしょうか？

親子の間の往復書簡て、あまり類書を思いつきませんね。

ずいぶん昔に、『まあちゃん　こんにちは』という本がありました。アメリカの東海岸の高校に留学した男子高校生が母親に書き送った書簡集です。いまウィキで調べたら、1960年刊行でした。ということは僕が小学校の4年生か5年生の頃に読んだのだと思います（ベストセラーでしたから、父親が買ってきたのでしょう）。

50年代にアメリカ留学ができるくらいですから、お金持ちのお坊ちゃまの話なんですけれど（海軍次官・外務大臣を歴任した軍人のお孫さんでした）、そういうのを「けっ、自分ばかりいい思いしやがって」というふうにひねくれるようなことはその頃の日本にはありませんでした。「ああ、こうやってアメリカに留学できるような若者も出て来たのだ。敗戦からの回復もそれだけ進んできたのだな。善哉善哉《よきかなよきかな》」というのが当時の日本人のふつうの感懐だったと思います。だから、ベストセラーになった。

伊丹十三の『ヨーロッパ退屈日記』が書かれたのもほぼ同じ頃ですが、それについても、「けっ、何が「アルデンテ」だ、何が「ジャギュア」だ。かっこつけやがって」というようなひがみっぽいリアクションはほとんどなくて、みんなため息をつきながら「ヨーロッパか、遠いなあ……オレたち一生のうちに一度くらいは行けるんだろうか（無理だろうけど）」という思いで読んでいました。

その頃の読者の方がいまよりはるかに可憐だったんですね。

いまは、なんか楽しい思いをしたことを書くと（「美味しい鰻を食べました」くらいのことでも）、「けっ、自分ばかりいい思いしやがって」というような呪いの言葉がネットでばんばん飛んできますからね。いつの間に日本人はこんなにひがみっぽくなったんだろう。

閑話休題。とにかく僕は『まあちゃん　こんにちは』くらいしか親子の間の書簡集を読んだ記憶がありません。そして、これも往復書簡ではなくて、母親からの返信は収録されていなかったかに記憶しております。

森鷗外と森茉莉、幸田露伴と幸田文の往復書簡集とかあったら、きっと面白かったと思いますけれど、寡聞にして知りません。僕がいま編集者だったら、高橋源一郎と橋本麻里、鈴木晶《しょう》と鈴木涼美《すずみ》の父娘往復書簡本あたり企画しそうですけど、なんとなく実現しなさそうです。

そう考えると、るんちゃんとの書簡集がここまで続いたという一事をもっても、なかなか興味深い出来事だったような気がしてきました。

どうして、僕たち父娘の間で往復書簡が続けられたのか。その理由についてちょっと考えてみて、「まとめ」に代えたいと思います（もちろん、これは僕のまとめであって、るんちゃんはるんちゃんの「まとめ」を書いてくださいね）。

理由の第一は僕たちが「わりと仲良し」だということだと思います。

でも、前便でも書いたように、僕たちの「仲良し」はふつうの「仲の良い親子」というのとはちょっと違うように思います。僕たちが仲良くいられたのは、「お互いの生き方にあまり干渉しないこと」「あまり一緒にいないこと」の2点が深く与っていたように思えるからです。

僕は中学生くらいで親との精神的なつながりを断ってしまったので、親に理解してもらおうという期待があまりありませんでした。

るんちゃんからご質問がありましたけれど、特に何か決定的な事件があったせいではありません。

あったとすれば小学校6年生から中2くらいにかけて、親から「こういう本は読んではいけないよ」と言われた書物を片っ端から読んだせいかも知れません。親の書架にあった書物のうち、「やや俗なもの」と「人間性の暗部」を描いたものは「禁書指定」をされました（いま思うと、獅子文六とか源氏鶏太とかの中間小説は別に禁書指定するほどの悪書ではなかったと思いますけど……。近所のお兄ちゃんから借りてこっそり読んでいた山田風太郎や柴田錬三郎の小説は、親に見つかったらこっぴどく叱られそうな過激な内容でしたが)。

どうも樹は「禁書」を読んでいるらしいということがばれて、母親が一度買い物にゆくふりをして、こっそり戻ってきて、僕が読みさしの五味康祐の小説(これも禁書指定されていました)を書棚から取り出したところをとっつかまってしまいました。そのときに母親が怖い顔をして「「小人閑居《しょうじんかんきょ》して不善をなす」というのはお前のことだよ!」とぴしりと言ったのをまだ覚えています。10歳の子どもが『スポーツマン一刀斎』(山奥で修業していた剣客が都会に出てきて、剣法極意をバッティングに活かして、プロ野球でぱかぱかホームランを打つというまことに愉快な小説だったんですけどね)を読んでいたくらいのことで「小人」呼ばわりするのは、親としていささか不寛容ではないかと思うんですけれど、とにかくその事件があってから、自分がどういうものに興味があるのかを親に知られないようにしないといけないと思うようになりました(五味康祐で「小人」ですからね。山田風太郎の『甲賀忍法帖』を読んでいるところをみつかったりしたら「変態」ですよ)。

僕としても、10歳、11歳くらいの段階で親から「この子は「変態」だ」というような決めつけをされたくはない。いきおい、自分がどんな小説を好んでいるのか、どんな奔放な妄想に淫しているのか、親に知られないように細心の注意を払うようになりました。

だから、中学に入ってSFを読み出したときはずいぶん楽になりました。親はSFというのを中身スカスカの「空想科学小説」みたいなもんだと思っていたらしく、これについては「SFばかり読むな」と言われたことが一度もなかったからです。人畜無害なものを読むようになったと思って、ほっとしていたんじゃないでしょうか。

ふつう子どもは「オレが何を考えているかわかってくれよ！　なんでわかってくれないんだよ！」という文型で親に不満をぶつけますが、僕の場合は「僕が何を考えているか、親にはなるべく知られたくない（知られると嫌われそうだから）」という理由で距離をとっていたように思います。

これは「親子の断絶」というのとはちょっと違うんじゃないかと思います。単に子どもが勝手に親の守備範囲から外に出てしまっていたということですから。成長の自然過程としては仕方がないことだと思います。

ですから、僕は親に理解されていないことをとくに悲しいと思わなかったし、腹も立ちませんでした。できたら、理解されたくなかったくらいですから。

僕の方は親に理解されていないことをさして気にしていませんでしたけれど、両親は僕が親の理解を求めていないということにそれなりに傷ついていたようでした。ですから、なんとか僕の気持ちを理解しようと、ずいぶん働きかけてくれました。僕はそれに対してはかなり冷淡な対応しかしませんでした（ご存じの通り、僕の冷淡さというのは、「にこやかで、礼儀正しく、でも人の話をぜんぜん聴いていない」という形態をとります）。だから、外から見た人たちは、内田家の親子のことを「仲の良い親子」だと思ってくれたのではないでしょうか。

いま思うと、親たちは僕のことをうまく理解できませんでしたけれど、彼らの「この変な息子の頭の中身を理解したい」という思いはとても純粋だったと思います。

両親は「変な息子の頭の中を理解できるほどに想像力豊かな親」ではありませんでしたけれど、「息子を理解しようとして、長きにわたって、虚しい努力を続けてくれた親」ではありました。僕はそのことの方が理解されたことよりも「ありがたい」と思います。

僕はるんちゃんを理解できているとは思いません。共感性についても想像力についても僕はまったく自信がありませんから。

でも、るんちゃんが愉快に自由に生きられたらいいなと望んでいる点については人後に落ちないと思います。るんちゃんがそういうふうに生きられるようにできる限りの支援はしたいと思っています。

どうして往復書簡が成り立つのかという話をしているところでした。

僕の考えはこうです。

往復書簡というのは、「相手がこんなこと考えているんじゃないかな……というくらいはなんとなく見当がつくけれど、詳細は不明なので、委細面談希望」くらいの距離感にふさわしいメディアじゃないでしょうか。

相手の頭の中がぜんぜんわからない場合も、「お前の頭の中身なんか掌《たなごころ》を指すがごとくまる見えだよ」という場合も、手紙なんか書く気になれませんからね。僕たち親子の距離感はちょうど手紙のやりとりをするくらいが適当だったんじゃないかな。そんな気がします。

もう一つの理由は、僕もるんちゃんも「書きながら考える人」だからです。

実際に書いてみないと自分が何を考えているか、自分にもわからない。だから、書く。

この書簡のおかげで、僕は自分がこれまで家族や友人にどんなふうに接してきたのか、その「戦略」は何だったのか、ということがぼんやりわかってきました。

スパイって、自分の正体についての「いくつかの物語」を用意しているという話をご存じですか?

ジェームズ・ボンドみたいなスパイが敵方に捕まりますよね。すると、当然「お前はどういうミッションを帯びて、ここに来たのだ?」という尋問が行われる。拷問したり、自白剤を打たれたり、いろいろ。それに備えて、スパイはいくつかの「嘘の物語」を用意しているんだそうです。

まず第一層は「あからさまな嘘」。「スパイだなんて、とんでもない、僕はただの大使館員です」みたいな。もちろんこの嘘はさまざまな証拠によってただちに否定されてしまいます。

そこで第二層。「そこまでばれていたのでは仕方がありません。こうなったら正直に申し上げます。実は私は英国のスパイで……」という「嘘の告白」を語り始める。この告白はすべて真実のみによって形成されておりますが、いくつか重大な真実を「言い落として」ある。あくまで「言い落とし」であって、「嘘」ではないので、自白剤を打たれても、嘘発見器にかけられても、簡単には露見しない。

この第二層の「真実のみから構成されている嘘の告白」にどれだけ厚みとリアリティーを与えることができるか。そこがスパイの力の見せどころです。

僕はなんとなく僕たちが「自分について語ること」というのは、このスパイにおける「第二層の告白」に類するものではないかという気がするのです。

真実のみから構成されている物語であるにもかかわらず、いくつか重大な言い落としがあるせいで、必ずしも「ほんとうのこと」ではない。

でも、それでいいんじゃないかという気がします。

スパイだって第三層の「ほんとうのこと」を洗いざらい告白したら、用済みになって、だいたい殺されちゃうんですから。だから全力を尽くして、「第二層の告白」をより精度の高い、説得力のある、できたら語っている自分自身が「これこそ真実」と信じてしまうくらいに細部にわたって正確なものに仕上げる必要がある。


それって、なんだか「やりがい」のある仕事のような気がしませんか?

生まれてからこれまで実際に経験したことを僕たちは記憶していません。脳裏をよぎった思念や身体を震わせた感情でも、そのすべてを記憶して、正確に再現するというようなことはできません。

僕たちはたえず過去の記憶を編集しながら生きています。新しい経験を加えるごとに、僕たちはこれまで意識の表層にあったいくつかの出来事の記憶をしまい込み、逆にこれまで思い出したことさえない過去のエピソードをひっぱりだしてくる。

僕たちの記憶というのは、巨大な倉庫に膨大な作品群をしまい込んでいる美術館のようなものじゃないかと思います。

新しい展覧会企画が立てられるたびに、その趣旨に合う作品が倉庫の奥から引き出されて展示される。その企画になじまない展示品は倉庫にしまい込まれる。

僕たちが誰かに向かって「自分についての物語」を語るというのは、いわば自分がキュレーターになって、「自分の個展」を開くようなものではないかと思います。倉庫から作品を一つ取り出してきてそれを展示に加えるだけで、あるいは展示品の一つだけを回収して倉庫にしまい込むことで、展覧会の風景も、その趣旨も一変してしまう。

それと同じように、同じ記憶素材に一つだけ別のエピソードを追加することで、あるいは一つだけエピソードを抜くことで、まったく違う「自分についての物語」を語ることだってできる。別に嘘をついているわけじゃないし、作話をしているわけでもない。でも、「自分についての物語」の手触りや表情が一変する。

それは本人にはわかっているんです。

でも、それについて他人が「不誠実だ」とか「嘘つくな」とか言うのは筋違いだと思うんです。そういう物語しか僕たちは語ることができないんですから。

先ほど僕は「戦略」といういささか尖った言葉を使いましたけれど、僕は「自分についての物語」をいろいろな人に対して、そのつどちょっとずつ変えながら話しています。シンプルな作話でも簡単に信じてくれそうな人には、そのままシンプルな話をする。もう少しややこしい話にしておかないと「嘘をついている」と疑われそうな場合は、やや複雑な話を語る。るんちゃんのようにこれまで身近にいて、僕の挙措をこまかく見聞していた相手に対しては、僕にとって「不都合な真実」をいくつも含む、相当に複雑な話をする。そうじゃないと、受け付けてもらえない。

そういう話の「使いわけ」はやっぱりしているんだなということを自分の書いたものを読みながら、しみじみ感じました。

この書簡に僕が書いたことは、これまで語った中でももっとも「第二層の告白」に近いものです。もちろん、こっちも「スパイ」ですから、言い落としていることはまだまだたくさんありますけれど、それでも、これはかなり仕上がりのいい「回想」だと思います。

「仕上がりがいい」というのは、「これを「ほんとうのこと」ということにしておいても、双方にとって実害があまりない」という意味です。

「実害があまりない」というのは、自分について物語るときに、けっこうたいせつなことじゃないかと思います。

「ほんとうのこと」を言うと人が傷つくことってあります。自分が傷つくこともある。というか、それを言うと誰かが深く傷つくことを僕たちは「ほんとうのこと」というふうに形容しているのかも知れません。

一人が意を決して「じゃあ、「ほんとうのこと」を言おうか」と言うと、その場にいる全員が凍りつく……というのは小説や映画でよくある場面です。それは、その言葉を聴いたときに、誰かが（あるいはそれを告げた当人を含むその場の全員が）深く傷つくことが予感されるからです。

だから、僕は誰かが「ほんとうのことを言うと……」という前振りをすると、「あ、言わないでいいよ。別に、無理してまで言わなくていいよ」と遮ることがあります（ほんとに何度かあります）。

そう言うとたいていの人はびっくりしちゃうんですよね。

でも、そういうのって「あり」だと思いませんか？

「ほんとうのこと」なんか、わざわざ言って頂かなくてもけっこうです（だいたいのことは察しがついているから）ということって、ありませんか？

いや、どうしてもそれを言っておかないと「先へ進めない」という場合には、仕方がありません。でも、それを言わずおいても、別に「迂回路」があって、最終的な目的地にたどりつけそうなら（「幸せになる」とか「人間的に成熟する」とか、そういう最終目的が達成されそうなら）、「ほんとうのこと」は暫定的に「かっこに入れて」おいて、「棚上げしておく」ということもあっていいんじゃないでしょうか。

そのうちにもっと「大人」になったら、「ほんとうのこと」をそこそこ手際よく扱うことができるようになる。

それまでは「ほんとうのこと」にはちょっとお控え頂く。

それでもいいんじゃないかと僕は思います。

僕の父親はるんちゃんも知っている通り、長く中国大陸にいました。最初は満洲にいて、小学校の先生をしたりしていて、それから満鉄に勤めて通訳の仕事をして、最後は北京で「宣撫《せんぶ》工作（被占領地住民が占領軍に対し協力するよう住民への援助を行う仕事）」にかかわっていました。中国の青年知識人たちの中に「親日ネットワーク」を形成するような仕事をしていたようです。詳細を聴いたわけではありませんが、断片的な言葉から推すと、そんなことだったようです。

ご存じのように、僕の「樹」という名前は教育勅語から採ったものです。名付け親は父の親友だった松井さんという方で、陸軍中野学校出の軍人でした。瘦身白皙《そうしんはくせき》で、これほど虚無的な顔つきの人をかつて見たことがないほど虚無的な表情の人でした（僕が会った頃はまだ30代だったんですから「青年」ですね）。陸軍中野学校出ということは「スパイ」ということです。そういう人と親友だったということからも、父の大陸での仕事が何だったか、なんとなく推測できます。

日本の占領政策の「尖兵」だったわけですから、父がいろいろな植民地主義的な工作に加担していたことは間違いありません。でも、自分が大陸で何をしてきたのか、とうとう何も言わずに死にました（その点については、るんちゃんの母方の祖父に当たる平野三郎もそうでした。彼は7年間にわたって中国戦線に兵隊としていたのですが、「ひどいことをしました」という以上詳しいことは言いませんでした）。

父の大陸時代について僕が聞いたのは、北京の冬は雪が深く、橇《そり》に乗って通勤したこと、自宅に数千枚のクラシックのレコードコレクションを揃えていたこと、清朝最後の科挙に通ったという老人に就いて古典を学んだこと（この先生は気の短い人で、父が文章を読み間違えると手にした長い煙管《きせる》で父を打ったそうです）くらいです。

仕事の内容については何も聞いたことがありません。

母親が死ぬ前に、満洲時代にかかわる話を一つだけ教えてくれました。

復員してしばらくあとに、満鉄がかつての社員たちに資産を分配するというニュースを元の同僚が知らせに来てくれたことがあったそうです。でも、父は「満鉄からは一円ももらいたくない」と言って、その「ボーナス」の受け取りを拒否したそうです（母親は「赤貧洗うがごとき貧乏所帯なのに、どうしてこの人は恰好をつけるんだろう」と思ってがっくりしたそうです）。

父から「ほんとうのこと」はほとんど何も聞かされませんでした。でも、その沈黙から僕は「子どもには言えないような経験をしてきた」ということだけは聴き取りました。

それでいいんじゃないかと思います。父が「口に出して言えないような経験をしてきたこと」だけは伝わったんですから。

僕も、父ほどドラマティックではありませんけれども、それでも、それについてうまく語ることができないことはいくつか経験してきました。

「それについてうまく語ることができないこと」は思い出せません。

「思い出す」というのは、「それについて語る言葉がみつかる」ということですから。

この書簡を書きながら、僕はいくつかずっと忘れていたことを思い出しました。

それは、ようやく「それについて語る言葉をみつけた」ということです。

それが果たせたことについて、聴き手になってくれたるんちゃんにはとても感謝しています。ほんとうにありがとうございました。

またね。

エピローグ――思い出のおばあちゃん

当時の担当の楊木文祥さんから「今回で最終回になります」とメールを受け取ったときは、「あ、父ちゃんめ、いきなり終わらせやがったな!」と思いましたが、お父さんから来た最後の書簡は、私が聞きたかった「ほんとうのこと」にちょっとだけ迫っていたので、今回はこれで良しとします。満足です!

私としては、もう少し球を用意していたというか、もう少し、私の父方の祖母である「内田昌子」という人物に対する、お父さんの「ほんとうのこと」を聞かせてもらいたかったですが……。まあ、そんなペラペラ人前で語りたくないことって、いっぱいありますからね。またいつかのタイミングで、聞かせてもらえたら幸いです。

私の記憶の中での「昌子おばあちゃん」は、いつも屈託なくて自由な人間に見えました。それでも膵臓《すいぞう》がんが見つかって、死期が迫りつつある頃のおばあちゃんを思い出すと、普段は押し込められていた彼女の悲哀を見てしまった気がします。

お世話をしてくれていた伯母から聞いた話ですが、病気が見つかる前は「ああ、さっさと死にたい。あんまりズルズルと長生きしたくないもの！」と常日頃言っていた彼女が、本当にあと数週間の命というとき、お医者さんに「内田さん、どうしたいですか？」と聞かれて、「……もうちょっと生きたい」とボソッと答えたというのです。

意外というか、驚きました。身体ももう苦しくて仕方ないはずで、普段のおばあちゃんならむしろ、早く死なせて欲しい――ということを言うかと思っていたので。

その後、ついに意識を失い、入院した昌子おばあちゃんを一人でお見舞いに行ったときのことです。意識が戻るたびに「譫妄《せんもう》」状態で暴れてしまうので、身体がベッドに半分固定されていました。一分おきにガバッと起き上がっては唸《うな》り、またパタッと倒れるのを繰り返す彼女を病室のベッド脇で座ってずっと見つめながら、「まだ生きようと、もがいてるんだな」と感じました。人間は、自分の人生とお別れをするためには、こんな風に必死で、自分の気がすむまでもがいて、「生」にしがみつかなきゃいけないんだなと思いました。それが「死ぬ」ってことなんだな、と。

私はおばあちゃんが不憫だなと思いました。意識のある間に自分の悲しみに寄り添わなかった分、消化しきれない想いがあるのだろうな、と。私なりに、彼女が欲しているものを与えたいと思いました。もし私が彼女の身だったら、病気になった子どもの頃みたいに、母親にそばについてもらって、「大丈夫よ」と言ってもらいたいなと思いました。なので、もう何十年も「おばあちゃん」「ママ」「おふくろ」「内田さん」としか呼ばれてないであろう彼女に、「まさこ」と呼びかけて、手や顔をさすって、「まさこ、大丈夫よ」と声をかけ続けました。そうすると、だんだん、ガバッと起き上がる発作がおさまって、スヤスヤと眠り始めたので、今度は彼女の顔の近くで「もう何も心配しなくて大丈夫。天国に行けば、いままでの人生のことも、みんな、良かったってなるから。ひいおばあちゃんも、卓爾おじいちゃんも、大好きな人がみんな向こうで待ってるから、死んでも大丈夫だよ」と、おでこに手を乗せて囁きました。そのまま寝てしまった昌子おばあちゃんは、その日の夜中に亡くなりました。彼女のおでこに乗せていた私の右手の甲には、なぜか、丸い小さな痣《あざ》ができていました。

昌子おばあちゃんは生前、「るんちゃんは私のことを名前で呼んでくれるから嬉しい」と言ってたことがあったので、彼女が「卓爾の妻」「徹と樹の母親」「姑」「孫たちの祖母」として社会生活をしていくうちに、「一人の人間」としての自分の姿がおぼろげになっていく不安や不満も抱えていたんだろうな、と思います。自作の歌集を出したり、ご近所さん付き合いに精を出したり、色々エネルギッシュに活動していたのも、妻や母の立場とは別の、個人としての自分という人間を、もっと見出したいという欲求があったんだろうなと想像します。

私も今回、この往復書簡を通して(というか、手直しのために、原稿にまとめて目を通しているうちに)、自分という人間が前より見えて来ました。

私とお父さん、顔以外でも似てるとこが色々あるんだなと思いました。それにお父さんが私のことをどう思ってるのかも、前より少しわかったような気がします。

ざっくり言えば、お父さんも私も、自分のことを人に伝えるのが下手な人間なんだなと。

今回は、編集者の楊木さんから往復書簡本のお話をいただいたことで、こうやってお父さんと色々大事な話ができてよかったです。ここからは「あとがき」というより私信ですが、私の書いたブックレビューを読んで、「内田家の親子対談モノ」を出そうというお話を持って来てくださったというのは、普通に考えるとけっこう無茶なアイデアというか……無名の新米ライターの私に仕事を振ろうとするその勇気、そして時には厳しいダメ出しで私を凹《へこ》ませるプロ意識、そのあと一所懸命フォローしてくれる気遣い。一緒にお仕事できて良かったです、ありがとうございました。

完成に至るまでは、現担当の胡逸高さんに大変お世話になりました。いつもメールの返信にこちらの気持ちを鼓舞するようなメッセージを添えてくださり、ありがたかったです。

そして、楊木さんの目に止まったブックレビューのお話をくださった光文社の森岡純一さんと、編集者で古い友人でもある須田奈津妃さん、いつもありがとうございます。

そもそも私の書くものというのは、お金をもらって書いたようなものはほとんどなく、友人のマスダユキさんと年一回発行しているミニコミ『漫想新聞』と、あとはブログやSNSなどに書き散らしてきた程度なのですが、それらを読んで「面白いね」「なにか書いてよ」と声をかけ続けてくれた、色々な方の存在あってのいまというか、それがなかったらきっと、こうやってお父さんと向き合える機会なんて、一生作れなかったと思います。お父さんからの書簡の中にもありましたが、私もお父さんも、「書く」という行為を通さないと、自分が何を考えて、何を思っているかにも気づけない、面倒で不器用なタチなので。下手したら一生、言い出せなかった、聞き出せなかったことも、いっぱい話せたと思います。

最後になりますが、毎回、私の草稿を読んで、「もっとあなたのお父さんに対して心を開いて書きなさい」と、アドバイスをくれた母にも感謝を捧げます。いつもありがとう！

2020年5月

内田るん

往復書簡　日付一覧

1　パリ、カルチエ・ラタンの中華食堂にて（内田るん）　2018年10月10日
2　僕が離婚した年の長い夏休み（内田樹）　10月12日
3　「内田樹の真実」はどこに？（内田るん）　10月23日
4　「記憶の物置」に足を踏み入れる（内田樹）　11月4日
5　親の心理に苦しむ子どもたち（内田るん）　11月26日
6　神戸での父子家庭、「非人情」な父親だった（内田樹）　12月3日
7　お父さんは、死にかけのウサギの赤ちゃんのように弱っていた（内田るん）　12月18日
8　「パブリックドメイン」はおすすめ（内田樹）　2019年1月8日
9　自分の姿を照らす「敵」（内田るん）　1月22日
10　「気持ちよい動き」を真似よ（内田樹）　2月20日

往復書簡　日付一覧

イラスト／ストマックエイク
図表作成・本文DTP／今井明子

ラクレとは…la clef=フランス語で「鍵」の意味です。
情報が氾濫するいま、時代を読み解き指針を示す
「知識の鍵」を提供します。

中公新書ラクレ
690

街《まち》場《ば》の親《おや》子《こ》論《ろん》

父《ちち》と娘《むすめ》の困難《こんなん》なものがたり

2020年6月10日初版
2020年6月25日再版

著者……内田《うちだ》 樹《たつる》　内田《うちだ》るん

発行者……松田陽三
発行所……中央公論新社
〒100-8152 東京都千代田区大手町1-7-1
電話……販売 03-5299-1730　編集 03-5299-1870
URL http://www.chuko.co.jp/

本文印刷……三晃印刷
カバー印刷……大熊整美堂
製本……小泉製本

Published by CHUOKORON-SHINSHA, INC.
Printed in Japan　ISBN978-4-12-150690-0　C1295

中公新書ラクレ　好評既刊

L585
孤独のすすめ
―人生後半の生き方

五木寛之 著

「人生後半」を生きる知恵とは、パワフルな生活をめざすのではなく、減速して生きること。「前向きに」の呪縛を捨て、無理な加速をするのではなく、精神活動は高めながらもスピードを制御する。「人生のシフトダウン＝減速」こそが、本来の老後なのです。そして、老いとともに訪れる「孤独」を恐れず、自分だけの貴重な時間をたのしむ知恵を持てるならば、「人生後半」はより豊かに、成熟した日々となります。話題のベストセラー‼

L601
ひとまず、信じない
―情報氾濫時代の生き方

押井　守 著

世界が認める巨匠がおくる幸福論の神髄。ネットが隆盛し、フェイクニュースが世界を覆う時代、何が虚構で何が真実か、その境界線は曖昧である。こういう時代だからこそ、所与の情報をひとまず信じずに、自らの頭で考えることの重要さを著者は説く。幸せになるために成すべきこと、社会の中でポジションを得て生き抜く方法、現代日本が抱える問題についても論じた、押井哲学の集大成とも言える一冊。

L634
人生の十か条

辻　仁成 著

作家で、ミュージシャンで、一人の父、辻仁成氏。多様な活動を前に生じた想いをツイッターやWEBサイトを通じて発信している。この新書は、その辻氏が配信して反響を呼んでいる「十か条」に、書き溜めたコラムやエッセイを合流、大幅に加筆編集をしたもの。悩んだときや壁にぶつかったとき、あなたはどう考え、そしてどう行動するべきか？　不運、トラブル、人間関係。どんなに辛いことも、この「十か条」があれば、きっと大丈夫。